劳动争议案例研究与实务

肖锐◎主编　沈艳◎副主编

中山大学出版社
·广州·

版权所有　翻印必究

图书在版编目（CIP）数据

劳动争议案例研究与实务/肖锐主编；沈艳副主编. —广州：中山大学出版社，2022.4
ISBN 978 - 7 - 306 - 07463 - 8

Ⅰ. ①劳… Ⅱ. ①肖… ②沈… Ⅲ. ①劳动争议—案例—研究—中国　Ⅳ. ①D922.591.5

中国版本图书馆 CIP 数据核字（2022）第 040476 号

出 版 人：王天琪
策划编辑：熊锡源
责任编辑：陈　芳
封面设计：林绵华
责任校对：卢思敏
责任技编：靳晓虹
出版发行：中山大学出版社
电　　话：编辑部 020 - 84113349，84111997，84110779，84110776
　　　　　发行部 020 - 84111998，84111981，84111160
地　　址：广州市新港西路 135 号
邮　　编：510275　　传　　真：020 - 84036565
网　　址：http://www.zsup.com.cn　E-mail：zdcbs@mail.sysu.edu.cn
印 刷 者：广州一龙印刷有限公司
规　　格：880mm×1240mm　1/32　8.625 印张　194 千字
版次印次：2022 年 4 月第 1 版　2022 年 4 月第 1 次印刷
定　　价：35.00 元

如发现本书因印装质量影响阅读，请与出版社发行部联系调换

《劳动争议案例研究与实务》编委会

主　编： 肖　锐

副主编： 沈　艳

编　委： 梁小静　陈洪基　张彦婷
　　　　　胡　汛　刘得格　李　云
　　　　　许世春　桂　菁　吴冠杰

序　　言

　　这几年去北京，经常和同学胡汛联系。她是中国人民大学的硕士研究生，高级审计师、注册会计师，目前在上市公司所在行业主管部门的企业管理和法律事务部工作，负责所属企业和重点监管合资公司的负责人业绩考核工作，以及所属企业的文件备案审查工作。由于她工作中接触的政策性和方向性的文件比较多，因此，我和她聊起我在上市公司研究方面的一些成果相对也比较多。她经常说我所在的三地（上海、香港、纽约）上市公司在整个行业甚至在所有的央企中都是非常特殊的，是我们这个行业改革的"窗口和试验田"，也是最早的一批赴纽约和香港上市的重点企业，在企业管理上能总结和提炼的东西太多了，还建议我把在上市公司人力资源管理20多年的东西总结一下，写点东西。每次见面她都会提起这事，我渐渐有了些触动。我说："你起点高，也看得清楚，如果真要写，我希望你能参与。"她很爽快地答应了，并在政策把握上给了我很多支持和指导。这就是这本书的由来。

　　回深圳后，我把这个情况和自己的想法多次和在中山大学就读时的刘得格师兄交流。他是博士，在广州大学做副教授，是第五、第六届中国人力资源开发研究会理事，广东省人力资源研究会理事。曾多次主持国家自然科学基金、广东省自然科学基金和教育部的项目。他非常支持,说如果需要协调中山大学和广州大学的资源,尽管开口;还愿意亲自参与到研究中。他也觉得三地上市公司的样本太难能可贵了,如果需要,他可以直接派研究生进驻项目组。

  基于上面两位的提议,回公司后,我和公司法律事务所主任梁小静女士也进行了多次沟通。她是南开大学法学学士、上市公司企业法律顾问、高级劳动关系协调师、国家二级心理咨询师、广东省高级心理测量师,有32年的上市公司从业经验和13年的法律事务工作经验,经历的案例很多,经办、审核合同约2万份,涉及金额约500亿元。她也一直有将自己的经历进行总结的想法,只是苦于日常工作太繁忙了,没有实现。她只有一句话——"要人给人,要题材随时提供",并且把法律事务所最有经验的沈艳女士推荐给了我。

  这里要重点介绍沈艳女士,她是湖南师范大学法学学士、上市公司律师,从事三地上市公司资深法务工作近20年,参与处理案件500多件,涉及合同纠纷、劳动纠纷、土地房产纠纷、侵权纠纷等,其中涉及土地房产的重大经济案件近10件,涉及金额上亿元,参与处理10人以上重大劳动案件近10件。她工作能力强,且专业基本功非常扎实,实战经验也非常丰富,还是我的同乡。

  我计划从法律和人力资源的角度对上市公司的劳动争议案例进行研究。我先找到了上市公司法律方面的核心资源,但是,人力资源方面的资源仅靠我自己整合难度太大,于是,我陆陆续续找了10多位公司下属企业的人力资源部负责人和劳动争议经办人进行面对面沟通,如客运公司的人力

序　言

资源部部长许世春先生、后勤保障公司的人力资源部部长桂菁女士，还有跨电务和工务两大专业的吴冠杰先生，他们都非常愿意参与到案例实际研究中，但由于工作时间的冲突，最后他们只能参与到与他们本公司有关的案例研究中。经过半年的酝酿和面谈，最终我们组建了上市公司劳动争议案例研究课题小组，上述提到的各位都被我邀请进入本课题组，其中由我和沈艳女士担任主编和副主编，我们和梁小静、陈洪基、张彦婷等5人组成核心研究团队。其中，陈洪基先生是广东技术师范学院工学学士，有12年人力资源管理经验，从事劳动关系、员工调配、劳动争议等工作，对上市公司复杂的劳资争议具有较强的实战经验和协调能力。张彦婷跟随我从事人力资源研究3年，算是我的学生，她是华南理工大学金融学学士，从事人力资源相关工作近7年，主要负责劳动关系管理及职业技能相关工作，对处理大型企业劳动关系问题有丰富的经验。

上市公司劳动争议案例研究课题组组建后，我们从企业选取了2015—2020年所发生的56个劳动争议案例，将它们按照劳动关系确认类、劳动合同解除类、薪酬福利待遇类、社会保险待遇类、综合类等进行分类，然后对每一类按照诉讼程序完整性、劳动争议反复性、案例价值等指标进行排序，从每一类中抽取最具有代表性的3个案例作为本类案例的研究对象。

每个案例研究分为5个部分，即案例详解、关联法律、问题剖析、管控分析、案例总结。第一部分主要对劳动争议案例所经历的诉讼流程进行完整的呈现；第二部分对案例所涉及的法律条文进行收集整理和呈现，将法律条文和案例进行对照分析；第三部分从人力资源管理的角度对问题进行定性，确定核心问题，并进行深入解析；第四部分提出管理上的建议；第五部分对案例进行总结提炼。

本书的案例研究具有以下特点：

一是真实性。全部为企业发生的真实案例。但是，为了保护个人隐私，书中案例所涉及的姓名、公司名等做了匿名处理，若有雷同纯属巧合。

二是适用性。为进行案例研究，我们系统收集整理了系列法律条文，阅读者可以轻松使用，非常便利。

三是借鉴性。我们把企业劳动争议遇到的各种类型按照强制分布法的原则，梳理归类为五类，企业如果遇到类似问题，可以直接学习和参照使用。由实战中总结出来的经验都有现实案例的支撑，区别于一般的理论指导，因此，本书绝非纸上谈兵，而是可直接落地操作的经验的总结。

我还要特别感谢李云女士，她是深圳大学 EDP 教育中心主任、第十届中国 MBA 联盟顾问委员会委员、山东高校校友回鲁创业计划咨询委员会委员、山东省临沂市（深圳）招才引智工作站副站长，从事海外工作多年，拥有相对丰富的企业管理实战经验。在案例的编辑和整理中她发挥了专业优势，给予了大量的修改意见和建议，在这里特别感谢。

本书在编写过程中收集整理了大量劳动争议案例和相关资料，在此我谨代表全体编写人员表示衷心感谢！由于编者水平所限，本书难免存在一些不足和疏漏之处，敬请读者批评指正。

编　者

2020 年 12 月

目　　录

第一章　劳动关系确认类 …………………………………… 1

确认劳动关系超过仲裁时效不被支持案

——赵某劳动争议案 ………………………………… 3

第一部分：案例详解 ………………………………… 3

第二部分：涉及法律条文及案例对应分析 ………… 7

第三部分：问题剖析 ………………………………… 11

第四部分：管控分析 ………………………………… 14

第五部分：案例总结 ………………………………… 16

劳务派遣人员要求与用工单位确认劳动关系不被支持案

——钱某劳动争议案 ………………………………… 17

第一部分：案例详解 ………………………………… 17

第二部分：涉及法律条文及案例对应分析 ………… 21

第三部分：问题剖析 ………………………………… 27

第四部分：管控分析 ………………………………… 35

第五部分：案例总结 ………………………………… 37

发包单位与劳务承包单位员工被认定存在劳动关系案

——孙某劳动争议案 ………………………………… 38

第一部分：案例详解 ………………………………… 38

第二部分：涉及法律条文及案例对应分析 ………… 43

第三部分：问题剖析 …………………………………… 47
　　　第四部分：管控分析 …………………………………… 54
　　　第五部分：案例总结 …………………………………… 57

第二章　劳动合同解除类 ………………………………… 59
以未按合同约定提供劳动保护和劳动条件、未足额支付
报酬为由解除劳动合同案
　　——李某劳动争议案 ……………………………………… 61
　　　第一部分：案例详解 …………………………………… 61
　　　第二部分：涉及法律条文及案例对应分析 …………… 67
　　　第三部分：问题剖析 …………………………………… 72
　　　第四部分：管控分析 …………………………………… 78
　　　第五部分：案例总结 …………………………………… 79
职工未同意调岗，单位以职工未到岗构成旷工为由解除
劳动合同被定性为违法解除，劳动合同无法继续履行案
　　——周某劳动争议案 ……………………………………… 80
　　　第一部分：案例详解 …………………………………… 80
　　　第二部分：涉及法律条文及案例对应分析 …………… 85
　　　第三部分：问题剖析 …………………………………… 90
　　　第四部分：管控分析 …………………………………… 92
　　　第五部分：案例总结 …………………………………… 94
　　　第六部分：其他 ………………………………………… 95
对被追究刑事责任的职工未及时解除劳动关系，事后
解除被定性为违法解除案
　　——吴某劳动争议案 ……………………………………… 98
　　　第一部分：案例详解 …………………………………… 98

第二部分：涉及法律条文及案例对应分析 …………… 102
第三部分：问题剖析 …………………………………… 106
第四部分：管控分析 …………………………………… 110
第五部分：案例总结 …………………………………… 111

第三章　薪酬福利待遇类 …………………………… 113
劳务派遣工要求同工同酬案
——郑某劳动争议案 …………………………………… 115
第一部分：案例详解 …………………………………… 115
第二部分：涉及法律条文及案例对应分析 …………… 119
第三部分：问题剖析 …………………………………… 122
第四部分：管控分析 …………………………………… 128
第五部分：案例总结 …………………………………… 129

企业扣减职工工资有理有据获支持案
——王某劳动争议案 …………………………………… 131
第一部分：案例详解 …………………………………… 131
第二部分：涉及法律条文及案例对应分析 …………… 134
第三部分：问题剖析 …………………………………… 137
第四部分：管控分析 …………………………………… 143
第五部分：案例总结 …………………………………… 144

因住房补贴产生争议被认定为非劳动争议案
——冯某劳动争议案 …………………………………… 145
第一部分：案例详解 …………………………………… 145
第二部分：涉及法律条文及案例对应分析 …………… 148
第三部分：问题剖析 …………………………………… 150
第四部分：管控分析 …………………………………… 161

第五部分：案例总结 ································· 162
第四章　社会保险待遇类 ································· 163
　单位未足额缴纳工伤保险费造成职工享受工伤保险待遇
　　降低被要求补足差额案
　　　——陈某劳动争议案 ································· 165
　　　第一部分：案例详解 ································· 165
　　　第二部分：涉及法律条文及案例对应分析 ············· 169
　　　第三部分：问题剖析 ································· 173
　　　第四部分：管控分析 ································· 175
　　　第五部分：案例总结 ································· 181
　企业遗失职工人事档案导致职工退休待遇降低案
　　　——褚某劳动争议案 ································· 182
　　　第一部分：案例详解 ································· 182
　　　第二部分：涉及法律条文及案例对应分析 ············· 185
　　　第三部分：问题剖析 ································· 187
　　　第四部分：管控分析 ································· 190
　　　第五部分：案例总结 ································· 192
　劳务派遣工非因工死亡后企业承担相关补偿责任争议案
　　　——卫某等亲属劳动争议案 ··························· 193
　　　第一部分：案例详解 ································· 193
　　　第二部分：涉及法律条文及案例对应分析 ············· 196
　　　第三部分：问题剖析 ································· 200
　　　第四部分：管控分析 ································· 204
　　　第五部分：案例总结 ································· 205

第五章 综合类 ……………………………………… 207

满十年要求签订无固定期限劳动合同，单位未依法订立
被认定违法解除案

——蒋某劳动争议案 ………………………… 209
第一部分：案例详解 ………………………………… 209
第二部分：涉及法律条文及案例对应分析 ………… 213
第三部分：问题剖析 ………………………………… 216
第四部分：管控分析 ………………………………… 221
第五部分：案例总结 ………………………………… 222

劳动合同到期后，单位未办理终止或续订手续，双方
形成事实劳动关系案

——沈某劳动争议案 ………………………… 224
第一部分：案例详解 ………………………………… 224
第二部分：涉及法律条文及案例对应分析 ………… 228
第三部分：问题剖析 ………………………………… 231
第四部分：管控分析 ………………………………… 237
第五部分：案例总结 ………………………………… 240

劳动关系归属问题存在争议期间用人单位解除劳动关系
不被支持案

——韩某劳动争议案 ………………………… 241
第一部分：案例详解 ………………………………… 241
第二部分：涉及法律条文及案例对应分析 ………… 250
第三部分：问题剖析 ………………………………… 253
第四部分：管控分析 ………………………………… 255
第五部分：案例总结 ………………………………… 257

后　记 ……………………………………………… 259

第一章

劳动关系确认类

第一章 劳动关系确认类

确认劳动关系超过仲裁时效不被支持案
——赵某劳动争议案

第一部分：案例详解

案例：赵某劳动争议案。

判词：劳动争议申请仲裁的时效期间为一年，超过仲裁时效申请确认劳动关系请求不被支持。

案例详情

一、案由

确认劳动关系。

二、当事人

申请人：赵某，男，汉族。
被申请人1：C公司（C公司是G公司的分支机构）。
被申请人2：G公司。

三、基本案情

申请人赵某主张其于1971年1月1日入职广州××材料厂担任工业组工人，1973年由材料厂应征入伍至某舰队，1977年3月退回广州黄沙××车船队担任副机轮长，1980年车船队解散后调至广州黄沙××公司门卫组做门卫工作。1992年7月，其因休病假享受劳动保险待遇，按照企业平均工资的40%发放劳动保险。但自1995年12月至今，广州黄沙××公司再未支付其任何工资，也未书面通知其返回上班，后广州黄沙××公司解散，赵某的人事档案及人事关系被分流到C公司，其多年以来通过口头投诉、书面信访等方式要求解决拖欠工资、缴纳社会保险金及住房公积金问题，但均未得到书面答复，直至2013年10月才被告知档案内有一份除名决定书，因此，其向某劳动人事争议调解仲裁院提起仲裁。

四、裁判结果

（一）仲裁阶段

1. 仲裁请求。2014年1月27日，赵某以C公司和G公司为被申请人向某劳动人事争议调解仲裁院（以下简称"仲裁院"）申请劳动仲裁。仲裁请求如下：①裁令被申请人撤销对申请人作出的除名决定；②确认申请人与被申请人自1995年12月至2014年1月27日存在劳动关系；③支付工资，自1995年12月至2014年1月27日暂共计1×××××元（以同龄工友工资为基数计发，5×××元/月

×218月）；④为其补缴自1995年12月至2014年1月27日的社会保险金；⑤为其补缴自1995年12月至2014年1月27日的住房公积金。

2. 仲裁院认定情况。

（1）关于除名决定问题。①根据证据除名决定书，对赵某的"除名决定"是由广州黄沙××公司在1995年12月4日作出的，理由是赵某无故旷工68天，按照《企业职工奖惩条例》以及经办公会议研究决定后作出。②根据"工商档案资料""关于羊城××总公司资产重组方案批复""运营资产收购协议"等证据，G公司在2004年11月15日签订收购协议，收购羊城××总公司相关业务资产，广州黄沙××公司是羊城××总公司的分支机构，早在G公司收购羊城××总公司资产前已被撤销，因此本案被申请人C公司和G公司与作出除名决定的广州黄沙××公司没有关系。

（2）关于劳动关系确认问题。G公司收购羊城××总公司相关资产后仅接收载于羊城××总公司名册及与所收购业务有关的员工。由于赵某已于1995年12月4日被除名，故G公司接收的职工中不会包括赵某，赵某与G公司、C公司不存在劳动关系。

（3）关于仲裁时效问题。根据《中华人民共和国劳动争议调解仲裁法》第二十七条规定，劳动争议申请仲裁的时效期间为一年。仲裁时效期间从当事人知道或者应当知道其权利被侵害之日起计算。前款规定的仲裁时效，因当事人一方向对方当事人主张权利，或者向有关部门请求权利救济，或者对方当事人同意履行义务而中断。从中断时起，仲裁时效期间重新计算。本案中，从1995年12月4日广州黄沙×

×公司作出除名决定以来，申请人一直未在广州黄沙××公司处上班，也未从广州黄沙××公司领取工资。因此，申请人的仲裁请求已经超过了一年的仲裁时效，申请人虽主张应以2013年10月计算仲裁时效的开始时间，但没有足够充分的证据证明有仲裁时效中断的事实，因此仲裁院认定申请人的仲裁请求已经超了一年的仲裁时效，申请人要求撤销除名决定、确认劳动关系、支付工资的仲裁请求仲裁院不予支持。

（4）关于补缴社会保险金问题。根据《中华人民共和国社会保险法》第六十三条规定，用人单位未按时足额缴纳社会保险费的，由社会保险费征收机构责令其限期缴纳或者补足。劳动争议仲裁院委员会并非社保征收机构，补缴社会保险问题不属于劳动仲裁审理范围，仲裁院对此不予审理。

（5）关于补缴住房公积金问题：该事项不属于《中华人民共和国劳动争议仲裁调解法》第二条规定的劳动争议事项范围，仲裁院对此不予审理。

3. 仲裁裁决。仲裁院于2014年4月作出仲裁裁决书，裁决如下：

驳回申请人的仲裁请求。

（二）一审阶段

1. 仲裁裁决后，赵某不服，向某人民法院（以下简称"法院"）提起诉讼。

2. 一审判决。法院于2014年10月作出民事判决书，判决如下：

驳回原告赵某的诉讼请求。

3. 赵某未上诉，一审判决生效。

第二部分：涉及法律条文及案例对应分析

一、关于除名问题

《企业职工奖惩条例》第十八条规定："职工无正当理由经常旷工，经批评教育无效，连续旷工时间超过 15 天，或者一年以内累计旷工时间超过 30 天的，企业有权予以除名。"

本案中赵某被除名，企业正是依据该条规定认定赵某旷工所作出的。但上述条例已经于 2008 年 1 月 15 日被废止，若企业在该条例失效后需要行使单方解除权，目前常见的做法是依据《中华人民共和国劳动合同法》第三十九条规定："劳动者有下列情形之一的，用人单位可以解除劳动合同：（一）在试用期间被证明不符合录用条件的；（二）严重违反用人单位的规章制度的；（三）严重失职，营私舞弊，给用人单位造成重大损害的；（四）劳动者同时与其他用人单位建立劳动关系，对完成本单位的工作任务造成严重影响，或者经用人单位提出，拒不改正的；（五）因本法第二十六条第一款第一项规定的情形致使劳动合同无效的；（六）被依法追究刑事责任的。"企业可制定规章制度并予以公示，要求职工遵守，严重违反企业规章制度的职工，企业可依据此条第二款规定依法解除与该职工的劳动合同。

二、关于确认劳动关系的仲裁时效问题

1. 《中华人民共和国劳动争议调解仲裁法》第二条第一款规定:"中华人民共和国境内的用人单位与劳动者发生的下列劳动争议,适用本法:(一)因确认劳动关系发生的争议。"

2. 《中华人民共和国劳动争议调解仲裁法》第二十七条规定:"劳动争议申请仲裁的时效期间为一年。仲裁时效期间从当事人知道或者应当知道其权利被侵害之日起计算。前款规定的仲裁时效,因当事人一方向对方当事人主张权利,或者向有关部门请求权利救济,或者对方当事人同意履行义务而中断。从中断时起,仲裁时效期间重新计算。"

3. 《中华人民共和国劳动争议调解仲裁法》第六条:"发生劳动争议,当事人对自己提出的主张,有责任提供证据。与争议事项有关的证据属于用人单位掌握管理的,用人单位应当提供;用人单位不提供的,应当承担不利后果。"

4. 《中华人民共和国民事诉讼法》第六十四条规定:"当事人对自己提出的主张,有责任提供证据。"

依据上述法条,首先,本案中赵某确认劳动关系的争议属于《中华人民共和国劳动争议调解仲裁法》适用范围;其次,劳动争议的仲裁时效为一年,而赵某自1995年12月被除名至2014年1月已达18年之久,赵某自被除名后未再领取工资,并且一直没有再回广州黄沙××公司上班,表明赵某应当知道自己被辞退的事实。赵某主张其一直向有关部门提出投诉信访,但根据其提供的证据,最早提起异议的时间为2009年,距离被除名时间长达14年,早已过了仲裁时

效。因此，仲裁院和法院均对赵某请求确认劳动关系的申请和诉求不予支持。

5. 不同的规则——关于确认劳动关系之诉，目前有着截然不同的判例，本案认为适用仲裁时效的规定，但有的法院判决则认为根据民法理论，"诉"有三种，分别为变更之诉、确认之诉、给付之诉。这三类"诉"中只有给付之诉和变更之诉适用于诉讼时效制度，确认之诉不受诉讼时效限制。确认劳动关系是对劳动者和用人单位是否存在劳动关系这一法律关系的确认，并没有权利义务被侵害的情形，属于民法理论中的确认之诉，因此请求确认劳动关系不受时效期间限制。

三、关于工资支付问题

1. 《中华人民共和国劳动合同法》第三十条规定："用人单位应当按照劳动合同约定和国家规定，向劳动者及时足额支付劳动报酬。用人单位拖欠或者未足额支付劳动报酬的，劳动者可以依法向当地人民法院申请支付令，人民法院应当依法发出支付令。"

2. 《中华人民共和国民事诉讼法》第六十四条规定："当事人对自己提出的主张，有责任提供证据。"

本案中赵某自被除名以来，未能提交证据证实其属于羊城××总公司移交给 G 公司的在册员工，亦未向 G 公司和 C 公司提供劳动，G 公司和 C 公司亦未支付过工资给赵某，故其要求支付工资的请求无事实和法律依据。

四、关于补缴社会保险金问题

1. 《中华人民共和国社会保险法》第六十三条规定："用人单位未按时足额缴纳社会保险费的，由社会保险费征收机构责令其限期缴纳或者补足。"

依据上述规定，本案中劳动争议仲裁院委员会并非社保征收机构，补缴社会保险问题不属于劳动仲裁审理范围，因此仲裁院对此不予审理。

2. 《中华人民共和国劳动争议仲裁调解法》第二条规定："中华人民共和国境内的用人单位与劳动者发生的下列劳动争议，适用本法：（一）因确认劳动关系发生的争议；（二）因订立、履行、变更、解除和终止劳动合同发生的争议；（三）因除名、辞退和辞职、离职发生的争议；（四）因工作时间、休息休假、社会保险、福利、培训以及劳动保护发生的争议；（五）因劳动报酬、工伤医疗费、经济补偿或者赔偿金等发生的争议；（六）法律、法规规定的其他劳动争议。"

根据上条法律规定，因社会保险费发生的争议属于劳动争议，但并非所有的社会保险争议都属于劳动争议受案范围。《社会保险征缴暂行条例》《劳动保障监察条例》等行政法规赋予了劳动行政部门对用人单位为劳动者办理社会保险的专属管理权、监察权和处罚权，用人单位、劳动者和社保机构就欠费发生争议，属于行政管理的范畴，不属于人民法院受案范围。只有用人单位没有为劳动者办理社会保险手续，且社会保险经办机构不能补办导致劳动者不能享受社会保险待遇，要求用人单位赔偿损失的，人民法院应予以受理。

五、关于住房公积金问题

该事项不属于《中华人民共和国劳动争议仲裁调解法》第二条规定的劳动争议事项范围,仲裁院对此不予审理。

第三部分:问题剖析

一、赵某案例的主体定性问题

赵某案例涉及的问题包括除名、确认劳动关系仲裁时效、工资支付、补缴社会保险金、补缴住房公积金五个方面,其中的核心问题是确认劳动关系的仲裁时效。

其实,这个核心问题包括两个方面:一是劳动关系的确认问题,这里需要对当时的具体情况进行判断,这就涉及历史资料的留存。在大多数案例调研中,我们经常碰到类似情况:由于经办人员的更替,部分关键资料缺失。如果企业在存续期,一般还可以通过各种途径来陆续补齐。但遇到企业改制和企业收购时,由于经办人员的更替所造成的资料缺失往往很难补全,这就会对后续的许多劳动关系的确认、待遇的核定产生影响,特别是涉及工龄计算、退休养老待遇等。所以,在这个过程中相关人事资料的保全就非常重要了。在近几年的企业员工退休手续办理过程中就经常出现这样的问题,造成劳动者退休待遇受损。总而言之,各种与企业改制、企业并购相关的资料特别是员工档案的保存和交接在企业日常管理过程中非常重要，切忌马虎大意。

另一个问题就是仲裁时效或诉讼时效的问题，法律法规对仲裁时效和诉讼时效有明确的规定，根据民法理论，"诉"有三种，分别为变更之诉、确认之诉、给付之诉。不同的时效确认对判案有截然不同的影响，所以要做好相关证据的留存。

二、赵某案例涉及问题的原因分析

原因分析是我们做案例研究的出发点，到底是什么原因造成了争议，是劳动者的原因还是用人单位的原因，是流程问题还是日常管理方面出现了问题，这都是需要深入分析的。这里的分析仅代表研究者个人的观点，仅作为研究和交流使用，以及为企业规范管理提供参考，因此对相关观点和言论不做是非对错的判断。

在赵某案例中，虽然申请人提出了一系列的仲裁请求，其要求看似很多，很容易让没有经验的人力资源管理者感到紧张，其实我们只要分析清楚三个问题就足够了。

第一，为什么申请人过了这么久才提起仲裁？难道是一直不知道自己的利益被侵害了吗？我们首先需要考虑的就是仲裁时效的问题。涉及仲裁时效，法律有一系列的规范条款，我们把这些条款找齐，一条一条核对，看看哪些对企业有利，哪些对企业不利，有利的佐证是什么，从哪里去收集这些佐证，这些佐证是人证还是物证，当年的经办人是谁。把这些问题一一列出来，做成问题清单。这样，我们处理的逻辑就非常清楚了，就可以从容应对。在这个过程中，我们

第一章
劳动关系确认类

除列问题清单和收集相关佐证外，更专业的处理方式是通过企业的法律顾问或者律师事务所来处理，因为他们更专业、更高效。这就是处理类似问题的基本逻辑，方法很简单，但实用。

第二，为什么在企业改制之初没有正常接收？没有正常接收包括两方面的原因，一是由于企业的原因导致无法正常接收，二是由于个人的行为导致无法正常接收。

如果是企业的原因，很可能是企业协议解除或者企业单方解除。如果涉及企业解除劳动合同，一般都是劳动关系解除的法定事由出现了，在这种情况下，企业都会经过特定的解除流程，相应地就会留下当时解除劳动关系的书面资料。

如果是个人的行为导致的劳动关系解除，一般是员工单方面提出解除劳动关系，在这种情况下一般会保留员工当时的辞职资料，甚至还会有辞职面谈，留有双方签字确认的书面资料等。还有一种可能就是由于员工违纪，触犯劳动关系解除的条款，相应地也会在员工档案中保留有效信息。

无论是企业行为导致的劳动关系的解除，还是由于员工个人行为导致的劳动关系的解除，都会在相关处理流程中找到痕迹，一般还会有工会的参与。这里就反映了劳动关系解除流程执行的留痕和处理结果的资料留存的重要性。

第三，为什么现在才来主张权利？赵某案例是一个十分有意思的案例，是在企业改制、并购的过程中会经常遇到的问题，在国有企业、集体企业、事业单位就特别容易出现。那么，为什么这些企业就特别容易出现类似问题呢？很重要的一个原因是很多国有企业、集体企业将部分非主营业务进行外包。一旦这些外包公司出现状况，诸如老板跑路、发生安全伤亡事故后，这些外包公司的员工一般不会去找外包公司，而是到这些国有企业、集体企业进行上访、闹访，甚至还会采取别的极端方式来表达诉求。上述各种情况的发生，归根到底跟企业属性有很大的关系。大部分人觉得国有企业、事业单位财大气粗，反正是国家的，找不到别人就找他们，他们最怕上访，反正有钱，多承担一点也没关系。我们在案例调研中就发现，部分上访、闹访的人就怀有这种心理。在赵某案例中也不排除赵某具有这种心理。

为什么在这个时候提出诉求呢？一是基于企业类型的考虑；二是在一二线城市，生活成本越来越高，而原来的工友所在企业的薪酬福利待遇、工作条件等都比自己要好，这也是赵某在这个时间点提起劳动仲裁的一种诱因。

第四部分：管控分析

一、法律方面

"以事实为依据，以法律为准绳"，对仲裁时效、诉讼时效的解读对赵某劳动争议案件的判决构成重大的影响因素，如果法律顾问或者律师能够恰当地运用这个规则，完全可以减少企业风险并减轻企业仲裁、诉讼过程的折腾。但是，更重要的是，企业在解除劳动关系过程中要确保流程执行的完整性，既做到依法合规，又要将相关资料保存完整。只有这样才能为企业法律顾问和律师的仲裁、诉讼提供有利的辩护支撑材料，即使在法定的仲裁、诉讼有效期内，依然可以维护企业的合法权益。

二、企业方面

要坚决抵制这种钻空子的人和杜绝这种行为，企业不是慈善机构，但凡遇到与赵某类似的情况，企业均要有正确的导向。

首先，要通过正面宣传，加强对员工的引导。对部分想通过上访或其他极端形式来实现企图的人，要坚决通过法律途径来解决。正确的导向是减少和打击这种投机行为的最好方式。

其次，企业在并购、改制等特定情况下要特别注意做好接收中的细节工作，属于正常接收的，对人员的档案、组织关系、社保关系、工会关系、人事命令、劳动合同、个人岗位/职位情况等一系列涉及员工的详细资料做好交接；对于非正常接收或者不接收的人员要做好详细的登记和资料保存工作，特别是类似赵某的情形，应该将其档案退回，并实时通知本人，无法直接通知的也要采取登报等法定形式进行公告。总而言之，就是要做好相关证据的保留。

再次，人力资源部在处理此类情况时，要做好甄别，对于通过正常途径主张权利的，要主动进行沟通，切实体现出企业人文关怀的一面。而对于妄想通过各种形式获得不当利益的，经办人要用严谨的职业态度对待，不能让对方产生和抱有任何幻想，要严格按企业管理规范和法律流程进行处理。

企业的管理还有许多需要完善的地方，对人性的关怀在逐渐加强，但这也仅是对内部员工而言；对外部那种企图通过某种手段获取不当得利的行为要采取坚决果断的措施，坚决将事态控制在发端时。

三、劳动者方面

劳动者在知道或者应该知道自身权益受到侵害时，应该在法定的有效追述期内，通过合法的渠道去维护和主张自身的权益。随着企业管理的不断完善和规范，管理上的盲区和漏洞将逐步被发现和堵住，企图通过寻找企业内部管理漏洞来实现个人私利的可能性将逐步变小，这实质上是一种无效劳动，建议劳动者要充分做好事前评估，预判这种方式实现的可能性，减小无效诉讼。

第五部分：案例总结

一、问题精要

赵某案例涉及的问题包括除名、确认劳动关系仲裁时效、工资支付、补缴社会保险金、补缴住房公积金五个方面，其中的核心问题是确认劳动关系的仲裁时效。

二、管理精要

在企业改制、并购过程中，对员工相关资料的留存是防范法律风险最好的方式。

劳务派遣人员要求与用工单位确认劳动关系不被支持案

——钱某劳动争议案

第一部分：案例详解

案例：钱某劳动争议案。

判词：用人单位劳务派遣到用工单位工作的人员要求确认与用工单位存在劳动关系，因证据不足不被支持。

案例详情

一、案由

确认劳动关系争议。

二、当事人

劳动者：钱某，男，汉族。
用人单位：H 公司（劳务派遣单位）。
用工单位：K 公司。

三、基本案情

钱某主张,其于 2007 年 9 月入职 K 公司,职务为线路工,此后一直工作到 2015 年 12 月。但是在工作期间,K 公司违法以劳务派遣的名义,通过 N 公司、H 公司强迫钱某与上述两家劳务派遣公司先后签订劳动合同,以劳务派遣的方式进行用工。2015 年 12 月,H 公司向钱某的工资银行账户打入一笔经济补偿金(计算为 2008 年《中华人民共和国劳动合同法》实施起 8 年,共 8 个月的月平均工资)后,强行与其解除劳动合同关系。

钱某认为其自进入 K 公司以来,一直在线路工岗位工作,该岗位是 K 公司必不可少的组成部分,不符合可以劳务派遣用工"三性"(即临时性、辅助性、替代性)的要求,K 公司将此岗位以劳务派遣的方式用工,属于典型的规避法律责任的行为,违反法律规定。K 公司不与其签订劳动合同,反而安排其先后与另外两家劳务派遣公司签订劳动合同,再"逆向劳务派遣"到 K 公司,这种用工方式是一种逆向劳务派遣,即"假派遣"。

四、裁判结果

(一)仲裁阶段

1. 仲裁请求。2016 年 1 月,钱某以 K 公司和 H 公司为被申请人向某劳动人事争议仲裁委员会(以下简称"仲裁委")申请劳动仲裁。仲裁请求如下:①请求确认被申请人 K 公司以劳务派遣形式用工违法无效,确认申请人钱某从

2007年9月至2015年12月1日与K公司具有劳动关系；②请求裁决K公司支付经济补偿金及支付赔偿金，合计2××××元；③请求裁决H公司连带向申请人支付经济补偿金及支付赔偿金。

2. 仲裁委认定情况。

（1）关于本案劳务派遣是否合法问题。①劳务派遣是《中华人民共和国劳动合同法》规定的一种用工方式。根据《中华人民共和国劳动合同法》的规定，劳务派遣单位是用人单位，被派遣劳动者与劳务派遣单位即用人单位之间是劳动关系，与接受劳务派遣形式用工的单位（以下称"用工单位"）之间是劳务关系而并非劳动关系。劳务派遣单位派遣劳动者应当与用工单位订立劳务派遣协议，劳务派遣协议应当约定派遣岗位和人员数量、派遣期限、劳动报酬和社会保险费的数额与支付方式以及违反协议的责任。本案中钱某从2007年11月起与N公司签订了劳动合同，在劳动合同法对劳务派遣用工进行规范后，钱某从2011年11月1日起与有劳务派遣经营资质的H公司签订了涉案的两份劳动合同，两份劳动合同上均有双方的签名或盖章，属双方的真实意思表示，合法有效。两份劳动合同中均约定了钱某的工作岗位是派遣到K公司从事线路工工作，K公司与H公司就派遣钱某等人到K公司提供劳务的问题也签订了劳务派遣协议，协议对派遣的岗位、期限、人员的数量以及劳动报酬的支付、社会保险的缴纳方式进行了约定。②对于钱某以其从事的工作是非临时性、非辅助性、非替代性的工作，主张K公司与H公司签订的劳务派遣协议无效的问题。K公司的经营范围是客货运输及配套服务，这是K公司的主营业务，而钱某的工作岗位是线路工,并不属于 K 公司的主营业务,因此可以认定该工作岗位是为了便于客货运输业务的开展而设立的工作岗位,具有临时性、辅助性、替代性的特征,K 公司在该工作岗位上使用劳务派遣的用工形式并不违法。③钱某主张 K 公司不与其签订劳动合同,反而安排其先后与两家劳务派遣公司签订劳动合同,再"逆向劳务派遣"到 K 公司,并在庭审中主张其与 H 公司签订的两份劳动合同均是被迫签订的。仲裁委认为,钱某作为一个完全民事行为能力人,应当知晓在合同上签字的法律后果,且又无法提供相应的证据证明其是被迫在两份劳动合同上签字的,对于钱某的该项主张,仲裁委不予采信。

综上所述,本案劳务派遣用工方式合法有效。

(2) 关于劳动关系确认问题。钱某与 H 公司签订的劳动合同合法有效,劳动合同中约定的内容对钱某和 H 公司均有约束力,且 K 公司与 H 公司就派遣钱某等人到 K 公司提供劳务的问题所签订的劳务派遣协议亦合法有效,则钱某应当知晓其在 K 公司工作的用工形式属于劳务派遣;再者,从钱某与 H 公司的劳动合同、两被申请人之间的劳务派遣协议签订之日起至履行完毕止,钱某、两被申请人均未发生争议。因此,K 公司是钱某的用工单位而非用人单位,钱某与 K 公司之间并未形成劳动关系。

(3) 关于经济补偿金问题。劳动者和用人单位的劳动合同期满,如用人单位不再续期,除用人单位维持或者提高劳动合同约定条件续订劳动合同,劳动者不同意续订的情形外,用人单位应支付劳动者经济补偿。但本案中 K 公司与钱某不存在劳动关系,钱某要求 K 公司支付经济补偿金没有依据。至于 H 公司，其作为钱某的用人单位已经按照钱某的全部工作年限进行了经济补偿，计算标准为钱某合同到期前 12 个月的月平均工资 ×8 年工龄。

（4）关于赔偿金问题。本案中 K 公司与钱某不存在劳动关系，因此也不存在违法解除劳动合同的问题，钱某要求 K 公司承担因违法解除劳动合同支付双倍赔偿金的请求，仲裁委不予支持。

3. 仲裁裁决：驳回申请人钱某的仲裁请求。

（二）一审阶段

1. 仲裁裁决后，钱某不服，向某人民法院（以下简称"法院"）提起诉讼。

2. 一审判决。法院于 2016 年 5 月作出民事判决书，判决如下：驳回原告钱某的诉讼请求。

（三）二审阶段

1. 一审判决后，钱某不服，向某中级人民法院（以下简称"中院"）提起上诉。

2. 二审判决。中院于 2016 年 9 月作出民事判决书，判决如下：驳回上诉，维持原判。

第二部分：涉及法律条文及案例对应分析

一、关于劳务派遣问题

第一，劳务派遣单位的设立。

《中华人民共和国劳动合同法》第五十七条规定："经

营劳务派遣业务应当具备下列条件：（一）注册资本不得少于人民币二百万元；（二）有与开展业务相适应的固定的经营场所和设施；（三）有符合法律、行政法规规定的劳务派遣管理制度；（四）法律、行政法规规定的其他条件。经营劳务派遣业务，应当向劳动行政部门依法申请行政许可；经许可的，依法办理相应的公司登记。未经许可，任何单位和个人不得经营劳务派遣业务。"

根据前述法条，劳务派遣单位必须具备法定条件方能合法设立。本案中 H 公司提供了"营业执照"及"劳务派遣许可证"，证明其具备劳务派遣经营资质。

第二，劳务派遣单位、用工单位及劳动者的权利义务。

（1）《中华人民共和国劳动合同法》第五十八条规定："劳务派遣单位是本法所称用人单位，应当履行用人单位对劳动者的义务。劳务派遣单位与被派遣劳动者订立的劳动合同，除应当载明本法第十七条规定的事项外，还应当载明被派遣劳动者的用工单位以及派遣期限、工作岗位等情况。劳务派遣单位应当与被派遣劳动者订立二年以上的固定期限劳动合同，按月支付劳动报酬；被派遣劳动者在无工作期间，劳务派遣单位应当按照所在地人民政府规定的最低工资标准，向其按月支付报酬。"

（2）《中华人民共和国劳动合同法》第五十九条规定："劳务派遣单位派遣劳动者应当与接受以劳务派遣形式用工的单位（以下称用工单位）订立劳务派遣协议。劳务派遣协议应当约定派遣岗位和人员数量、派遣期限、劳动报酬和社会保险费的数额与支付方式以及违反协议的责任。用工单位应当根据工作岗位的实际需要与劳务派遣单位确定派遣期限,不得将连续用工期限分割订立数个短期劳务派遣协议。"

(3)《中华人民共和国劳动合同法》第六十条规定:"劳务派遣单位应当将劳务派遣协议的内容告知被派遣劳动者。劳务派遣单位不得克扣用工单位按照劳务派遣协议支付给被派遣劳动者的劳动报酬。劳务派遣单位和用工单位不得向被派遣劳动者收取费用。"

根据前述法条规定,劳务派遣是一种合法用工形式,劳务派遣单位是用人单位,被派遣劳动者与劳务派遣单位即用人单位之间是劳动关系,与接受劳务派遣形式用工的单位即用工单位之间并非劳动关系。本案中钱某作为劳动者,与用人单位 H 公司签订了劳动合同,合同明确约定将钱某派遣至 K 公司从事线路工工作, H 公司和 K 公司也签订了劳务派遣协议,劳动合同和劳务派遣协议约定的岗位、人员数量、派遣期限、劳动报酬等内容均能相互对应。

第三,劳务派遣的适用岗位。

《中华人民共和国劳动合同法》第六十六条规定:"劳动合同用工是我国的企业基本用工形式。劳务派遣用工是补充形式,只能在临时性、辅助性或者替代性的工作岗位上实施。前款规定的临时性工作岗位是指存续时间不超过六个月的岗位;辅助性工作岗位是指为主营业务岗位提供服务的非主营业务岗位;替代性工作岗位是指用工单位的劳动者因脱产学习、休假等原因无法工作的一定期间内,可以由其他劳动者替代工作的岗位。用工单位应当严格控制劳务派遣用工数量,不得超过其用工总量的一定比例,具体比例由国务院劳动行政部门规定。"

根据前述法条规定,劳务派遣用工是劳动合同用工的补充形式，只能在临时性、辅助性或者替代性的工作岗位上实施。本案中根据K公司提供的营业执照可知其主营业务是客货运输及配套服务，而钱某的工作岗位是线路工，并不属于K公司的主营业务，可以认定该工作岗位是为便于客货运输业务的开展而设立的工作岗位，具有临时性、辅助性、替代性的特征，采用劳务派遣的用工形式并不违法。

综上所述，H公司是用人单位，其与劳动者钱某是劳动合同关系，K公司是用工单位，H公司根据劳务派遣协议约定将钱某派遣至K公司从事线路工辅助性工作，三方法律关系明晰。

二、关于劳动关系的确认问题

1.《中华人民共和国劳动合同法》第三条规定："订立劳动合同，应当遵循合法、公平、平等自愿、协商一致、诚实信用的原则。依法订立的劳动合同具有约束力，用人单位与劳动者应当履行劳动合同约定的义务。"

2.《中华人民共和国劳动合同法》第七条规定："用人单位自用工之日起即与劳动者建立劳动关系。用人单位应当建立职工名册备查。"

3.《中华人民共和国劳动合同法》第十条规定："建立劳动关系，应当订立书面劳动合同。已建立劳动关系，未同时订立书面劳动合同的，应当自用工之日起一个月内订立书面劳动合同。用人单位与劳动者在用工前订立劳动合同的，劳动关系自用工之日起建立。"

4.《中华人民共和国劳动合同法》第二十六条规定："下列劳动合同无效或者部分无效：（一）以欺诈、胁迫的手段或者乘人之危,使对方在违背真实意思的情况下订立或者变更劳动合同的;(二)用人单位免除自己的法定责任、排除劳动者权利的;(三)违反法律、行政法规强制性规定的。对劳动合同的无效或者部分无效有争议的,由劳动争议仲裁机构或者人民法院确认。"

5.《中华人民共和国劳动争议调解仲裁法》第六条规定:"发生劳动争议,当事人对自己提出的主张,有责任提供证据。与争议事项有关的证据属于用人单位掌握管理的,用人单位应当提供;用人单位不提供的,应当承担不利后果。"

根据前述法条规定,劳动者自用工之日起与用人单位建立劳动关系,同时双方应签订书面劳动合同,劳动合同对劳动者双方都具有约束力。本案中钱某与H公司签订了书面劳动合同,钱某作为一个完全民事行为能力人,应当知晓在合同上签字的法律后果,且又无法提供相应的证据证明其是被迫在两份劳动合同上签字的,因此仲裁委和法院均认定钱某和H公司劳动关系合法有效。

三、关于经济补偿的问题

1.《中华人民共和国劳动合同法》第四十六条规定:"有下列情形之一的,用人单位应当向劳动者支付经济补偿:(一)劳动者依照本法第三十八条规定解除劳动合同的;(二)用人单位依照本法第三十六条规定向劳动者提出解除劳动合同并与劳动者协商一致解除劳动合同的;(三)用人单位依照本法第四十条规定解除劳动合同的;(四)用人单位依照本法第四十一条第一款规定解除劳动合同的;(五)

除用人单位维持或者提高劳动合同约定条件续订劳动合同，劳动者不同意续订的情形外，依照本法第四十四条第一项规定终止固定期限劳动合同的；（六）依照本法第四十四条第四项、第五项规定终止劳动合同的；（七）法律、行政法规规定的其他情形。"

2.《中华人民共和国劳动合同法》第四十七条规定："经济补偿按劳动者在本单位工作的年限，每满一年支付一个月工资的标准向劳动者支付。六个月以上不满一年的，按一年计算；不满六个月的，向劳动者支付半个月工资的经济补偿。劳动者月工资高于用人单位所在直辖市、设区的市级人民政府公布的本地区上年度职工月平均工资三倍的，向其支付经济补偿的标准按职工月平均工资三倍的数额支付，向其支付经济补偿的年限最高不超过十二年。本条所称月工资是指劳动者在劳动合同解除或者终止前十二个月的平均工资。"

3.《中华人民共和国劳动合同法》第四十四条规定："有下列情形之一的，劳动合同终止：（一）劳动合同期满的；（二）劳动者开始依法享受基本养老保险待遇的；（三）劳动者死亡，或者被人民法院宣告死亡或者宣告失踪的；（四）用人单位被依法宣告破产的；（五）用人单位被吊销营业执照、责令关闭、撤销或者用人单位决定提前解散的；（六）法律、行政法规规定的其他情形。"

依据前述法条，劳动者和用人单位的劳动合同期满，如用人单位不再续期，除用人单位维持或者提高劳动合同约定条件续订劳动合同，劳动者不同意续订的情形外，用人单位应支付劳动者经济补偿。本案中H公司与钱某的劳动合同到期后，H 公司依法终止，并按照钱某的全部工作年限进行了经济补偿，计算标准为钱某合同到期前 12 个月的月平均工资 ×8 年工龄。

四、关于赔偿金的问题

1. 《中华人民共和国劳动合同法》第八十七条规定："用人单位违反本法规定解除或者终止劳动合同的，应当依照本法第四十七条规定的经济补偿标准的二倍向劳动者支付赔偿金。"

2. 《中华人民共和国劳动合同法》第四十七条规定："经济补偿按劳动者在本单位工作的年限，每满一年支付一个月工资的标准向劳动者支付。六个月以上不满一年的，按一年计算；不满六个月的，向劳动者支付半个月工资的经济补偿。"

依据前述法条，用人单位违法解除劳动合同或者终止劳动合同的，应当向劳动者支付双倍的赔偿金，但本案中 K 公司是钱某的用工单位，而并非用人单位，双方并无劳动关系，因此不存在违法解除劳动合同的前提。

第三部分：问题剖析

一、钱某案例的主体定性问题

钱某案例涉及的问题包括钱某的岗位是否适合劳务派

遣、逆向劳务派遣、劳动关系的确认、经济补偿金是否合理、是否涉及被迫签订劳动合同、为什么派遣公司会不断变更名称等问题，其中的核心问题是与用工主体确立劳动关系。

对本案例涉及的问题，我们一一进行深入分析，只有分析透彻了，才能把问题的主体搞清楚。

（一）问题1：钱某的岗位是否适合劳务派遣

关于钱某主张其岗位不适合劳务派遣，因而K公司与H公司签订的劳务派遣协议无效的问题。钱某以其从事的工作是非临时性、非辅助性、非替代性的，不适合劳务派遣作为主张的理由。在诉讼中，被告以K公司的经营范围是客货运输及配套服务，这是K公司的主营业务，而钱某的工作岗位是线路工，并不属于K公司的主营业务为由，认定该工作岗位是为便于客货运输业务的开展而设立的工作岗位，具有临时性、辅助性、替代性的特征，从而主张K公司在该工作岗位上使用劳务派遣的用工形式并不违法。法院的判断也是根据企业主营业务来进行判断的，看起来好像没有问题，其实真实情况未必如此。因为专业限制，法院无法全面了解一个企业的生产作业流程，所以只能从企业经营范围来做判断，这个判断与企业的实际情况未必是相符的。经调查，我们发现真实情况如下。

1. 线路工是K公司的主要工种。K公司经营范围是客货运输及配套服务，但是通过调查我们发现，维系K公司整体运营的专业并不是其在诉讼材料里所陈述的那么简单，除了客货运运输外其他都是辅助专业。按照行业的规范分类，

K公司有五大主体专业，分别是客货运服务专业、动车车辆专业、轨道供电专业、通信信号专业和轨道线路专业。不同专业，工作性质不同。

其中，轨道线路专业包括的主要工种有线路工、桥梁工、路基工、巡道工、探伤工，此外还有一些辅助性的工种，如道口工、材料员、巡守工等。由此可见，线路工是K公司的主要工种。

2. 线路工在K公司运营中承担重大责任。线路工的主要职责是：

（1）负责对其维护的线路进行经常性巡视和定期检查，在对线路巡视检查的过程中，线路工要仔细检查线路设备，及时发现可能存在的各种隐患，并制订维修和养护方案。

（2）根据线路变化情况，在全年度和线路管辖范围内，有计划、有重点地进行线路养护，以使线路质量经常保持均衡良好的状态。

（3）通过综合维修，使几何尺寸、线路设备零部件得到整修和改善，使线路恢复完好的技术状态，保证行车安全。

由此可见，线路工既承担着重大的运输生产职责，也需要具备较高的专业水平，构成K公司的专业之一。因此，以钱某的工作岗位是线路工，并不属于K公司的主营业务为理由而认定其工作岗位是为了便于客货运输业务的开展而设立的工作岗位，具有临时性、辅助性、替代性的特征的说法，笔者认为是有瑕疵的。

钱某败诉，主要可能基于两点原因：一是法院人员未充分了解这个行业的特点，形成了片面的判断；二是钱某的律师举证不充分，同样也是出于对这个行业陌生，对相应能证明线路工是特有工种和主要行车工种的材料收集不完整。

（二）问题2：关于逆向劳务派遣的问题

逆向劳务派遣的法律依据是《中华人民共和国劳动合同法》第六十七条，经查询，该法条的具体表述是："用人单位不得设立劳务派遣单位向本单位或者所属单位派遣劳动者。"

下面我们从逆向派遣的定义、对第六十七条两项内容的解读、K公司劳务派遣的实际情况等方面来分析K公司是否存在逆向派遣行为。

1. 《中华人民共和国劳动合同法》第六十七条关于"逆向劳务派遣"的解释。第六十七条包含两层意思：①用人单位不得设立劳务派遣单位；②向本单位或者所属单位派遣劳动者。

案例中K公司没有设立劳务派遣公司，也就不存在向本单位或所属单位派遣劳动者的可能。所以，从《中华人民共和国劳动合同法》第六十七条来判断，也不存在逆向劳务派遣的行为。

根据《中华人民共和国劳动合同法》第五十七条规定，劳务派遣单位必须具备法定条件方能合法设立，本案中H公司提供了"营业执照"及"劳务派遣许可证"，证明其具备劳务派遣经营资质。

2. 劳动合同的签订情况。案例中钱某从2007年11月起与N公司签订了劳动合同，在《中华人民共和国劳动合同法》对劳务派遣用工进行规范后，钱某从2011年11月1日起与有劳务派遣资质的H公司签订了两份劳动合同，合同中均约定了钱某的工作岗位是派遣到 K 公司从事线路工工作，合同上均有双方的签名或盖章，属双方的真实意思表示，合法有效。

K 公司与 H 公司就派遣钱某等人到 K 公司提供劳务的问题也签订了劳务派遣协议，协议对派遣的岗位、期限、人员的数量以及劳动报酬的支付、社保的缴纳方式进行了约定。

仲裁委认为钱某作为一个完全民事行为能力人，应当知晓在合同上签字的法律后果，且又无法提供相应的证据证明其是被迫在两份劳动合同上签字的，对于钱某的此项主张，仲裁委不予采信。

（三）问题3：经济补偿金是否合理

《中华人民共和国劳动合同法》第四十七条规定："经济补偿按劳动者在本单位工作的年限，每满一年支付一个月工资的标准向劳动者支付。六个月以上不满一年的，按一年计算；不满六个月的，向劳动者支付半个月工资的经济补偿。劳动者月工资高于用人单位所在直辖市、设区的市级人民政府公布的本地区上年度职工月平均工资三倍的，向其支付经济补偿的标准按职工月平均工资三倍的数额支付，向其支付经济补偿的年限最高不超过十二年。本条所称月工资是指劳动者在劳动合同解除或者终止前十二个月的平均工资。"

本案中 H 公司按照钱某的全部工作年限进行了经济补偿，计算标准为钱某合同到期前十二个月的月平均工资×8年工龄，因此，经济补偿是到位的。

（四）问题4：是否存在强迫签订劳动合同

钱某在案件陈述中谈及强迫签订劳动合同的问题，从法律角度,谁主张谁举证,如果能出具真实的证明材料,可以按照《中华人民共和国劳动合同法》第二十六条第一点之规定"以欺诈、胁迫的手段或者乘人之危,使对方在违背真实意思的情况下订立或者变更劳动合同的",将其劳动合同视为无效劳动合同。而钱某在庭审中提出强迫签订劳动合同的情况但并没有提供有关证据,其主张没有被仲裁委和法院采纳,即证明其主张不成立。

(五)问题5:派遣公司为什么会不断变更企业名称

经调查发现,劳务派遣公司屡次变更企业名称,原因就在于用工单位只同意与派遣公司签订为期两年的劳务派遣合同,因而在连续两个合同周期后,劳务派遣公司为了规避"连续订立二次固定期限劳动合同后必须签订无固定期限劳动合同"的风险,又为了不中断与用工单位的派遣合作,只能采取变更企业名称的办法。

派遣公司虽然更改名称,但执行主体、派遣地点、工作内容均没有实质性的变化。因而,劳务派遣人员无法接受派遣公司的这种操作,相应提出以下主张:一是与用工单位签订无固定期限的劳动合同,二是与用工单位的职工实行同工同酬。

2013年左右,由于派遣人员的上述诉求没有得到相应满足,在劳务派遣合同续签过程中出现了大量的群体性上访事件,甚至出现极端的表达方式。后来,通过协调,双方在劳务派遣上做了较大的调整:一是由劳务派遣公司与劳动者签订无固定期限的劳动合同;二是在年度岗位工资调整中,将劳务派遣同步纳入，并且按照同等水平进行调整；三是派遣公司涉及的所有经济补偿和赔偿均由用工单位承担，减少了劳务派遣公司的经济和法律风险；四是加快劳务派遣工转为用工单位正式员工的步伐，陆续出台择优录取劳务派遣人员的管理办法。

劳务派遣人员的不断抗争及其通过各种渠道所实施的维权，倒逼派遣公司和用工单位对劳务派遣相关协议进行修订和优化，对企业的行为进一步约束，确保了劳动者的合法权益。

从以上分析可以看出，钱某案例涉及的五个问题，虽然每个问题都具有独立性，但其核心就是劳务派遣工与用工单位是否建立劳动关系的问题，下面的原因分析可以支撑这个判断。

二、钱某案例涉及问题的原因分析

通过调查，我们认为钱某希望与K公司确定劳动关系，依据如下。

第一，身份认同的影响。对于劳务派遣人员来说，只要他们还在这个企业，就无法摆脱这样的身份。虽然近年来我们采取了一些措施推进部分劳务派遣人员身份的转变，让他们成为企业的正式员工，但是真正能够实现转换的人数较少，占比非常低，未能从根本上解决这个遗留已久的问题。

第二，职业发展的影响。很多劳务派遣工从事的是低技术含量并且没有职业发展潜能的工作，而企业在实际上也没有对这些员工的人力资本进行同等的投资，导致他们在企业中既没有发展空间，也很难在企业外应聘到更好的正式工作。

第三，薪酬差异的影响。以 K 公司为例，根据 2017 年劳动统计报表，正式员工的薪酬比其他劳务派遣人员人均高出 4.××万元/年。而根据 2017 年企业人工成本表的数据，劳务派遣人员所能获得的额外福利也远远低于编制内正式员工，他们的福利非常有限，如在住房公积金、社保及交通补贴等方面有非常明显的区别。

第四，心理方面的影响。因为劳务派遣工在培训机会、职业发展的机会及学习成长的机会等方面存在差异，这导致了他们对工作的安全感也低于正式员工。一方面，他们对企业有很强烈的依附性，不敢轻易或者不愿意离开企业，因为外部诸多的不确定性加剧了他们的不安全感；另一方面，他们非常反感企业目前现实存在的不公平性，极力要求和追求"同工同酬"，历次续签劳务合同的激烈程度和沟通的艰难程度恰恰印证了这种不公平对他们心理的影响。

基于上述四个影响，劳务派遣工急切地渴望改变身份，转变成为用工单位的正式员工。同类案例将在一定时期内继续出现。

三、法律法规未竟之事宜

我们认为，钱某案例的判案存在瑕疵，其诉求的线路工岗位是 K 公司的核心岗位，不符合劳务派遣用工"三性"的界定，K 公司将此岗位以劳务派遣的方式用工，属于典型的规避法律责任的行为，其诉讼具有合理性。法院判定线路工不属于主要工种是由于法院相关人员对铁路行业工种不熟悉造成的，同样也是原告律师举证不利所造成的，这与真实的情况相违背，但这也是目前法律所难以解决的。

从企业层面来看，K公司使用劳务派遣工恰恰是为了弥补用工总量受限和降低成本的需要，其劳务派遣协议符合相关法律法规的要求，其经济补偿到位，尽到了企业应尽的职责。

在这个案例中，无论是劳动者还是企业都没能通过法律的手段去改变实际状况，劳动者身份认同的诉求没有得到满足，企业的用工限制依然存在，造成二元制用工体系长期难以破除，而二元制用工体系使得用工歧视难以消除。近年来，越来越多劳务派遣工身份认同的争议案例和群体性上访事件也佐证了这个判断。

第四部分：管控分析

一、法律方面

《中华人民共和国劳动合同法》确立了劳务派遣用工的合法地位，客观上促进了二元制用工的广泛使用，而这样的用工形式还处在逐步完善的阶段，法律应该对二元制用工体系不断进行调整和规范，不断从法律层面规范和解决二元制用工存在的诸多问题。

二、企业方面

要构建企业综合性人力资源体系，将二元制用工人员纳入统一有序的管理体系中来，使各类用工人员在工作职责、考核标准、奖惩办法和管理责任上形成统一，逐步处理好二元制用工人员的培训、晋升、薪资调整与常规员工之间的平衡，逐渐形成统一的晋升机制，创造公平竞争的职业发展机会。

加强公司青年劳务派遣工群体的服务和管理，激发队伍的活力，营造和谐的氛围，可以设立劳务派遣工救助基金。该救助基金应涵盖在公司工作满一年的劳务派遣工和短期合同工等。他们及其直系亲属出现因天灾人祸、重大疾病等原因，给家庭造成重大经济损失，或因家庭遭遇意外导致生活困难等情况的，可以申请救助。

企业还可以针对一线的劳务派遣工群体开展各项关爱青年劳务派遣工的实践主题活动，建立青年劳务派遣工的组织阵地、思想阵地、工作阵地和活动阵地，建立完善各项工作制度，开展形式多样、喜闻乐见的青年活动，以此不断增强青年劳务派遣工的主人翁意识，切实解决他们在思想、工作、生活、学习中的问题及困难，营造关爱青年劳务派遣工的和谐氛围。

三、劳动者方面

劳动者在签订劳动合同的时候应该仔细阅读合同中的各项条款，属于关系自身利益的条款应该先与公司进行充分沟通，提高自己的维权意识。

第五部分:案例总结

一、问题精要

钱某案例涉及的问题包括确认其岗位是否适合劳务派遣、逆向劳务派遣、劳动关系的确认、经济补偿金是否合理、是否涉及被迫签订劳动合同、为什么派遣公司会不断变更名称等,其中的核心问题是劳动关系的确认。

二、管理精要

二元制用工累积的矛盾越来越多,将促使我们在这项用工体制上作出调整和优化,促使我们制定出落地性更强和覆盖面更广的政策和措施,特别是在薪酬待遇、职业发展通道、培训与成长、人文关怀等方面作出一些实质性的改变。

发包单位与劳务承包单位员工被认定存在劳动关系案
——孙某劳动争议案

第一部分：案例详解

案例：孙某劳动争议案。

判词：发包单位管理混乱，导致被认定与劳务承包单位的员工存在劳动关系。

案例详情

一、案由

确认劳动关系争议。

二、当事人

劳动者：孙某，男，汉族。
劳务发包单位：K公司、G公司、Y公司。
劳务承包单位：F公司、J公司、D公司。

三、基本案情

孙某主张，其自 2002 年 11 月入职 K 公司，职务为上料工，每月工资由班长黄某某代为以现金方式发放，K 公司未与其签订书面劳动合同，也未为其缴纳社会保险费，工资发放到 2014 年 11 月，尚欠 2014 年 12 月至 2015 年 3 月的工资。2015 年 3 月 23 日，孙某接到班长黄某某的口头通知，要求此后不要再到 K 公司上班，其最后工作到 2015 年 3 月 23 日，离职前 12 个月的平均工资为 1×××元/月。

K 公司曾是 Y 公司的分支机构，2007 年 1 月之后，因被 G 公司收购，成为 G 公司的分支机构。K 公司主张，2010 年 12 月至今，其将后勤服务工作（包括孙某所从事的上料工作）发包给劳务承包单位，其中，2010 年 12 月 31 日至 2012 年 6 月 30 日发包给 F 公司，2012 年 7 月 1 日至 2014 年 12 月 31 日发包给 J 公司，2015 年 1 月 1 日起发包给 D 公司。孙某是劳务承包单位的员工，并非 K 公司的员工。

四、裁判结果

（一）仲裁阶段

1. 仲裁请求。2015 年 2 月 2 日，孙某以 K 公司、G 公司、Y 公司、J 公司、D 公司为被申请人向某劳动人事争议调解仲裁院（以下简称"仲裁院"）申请劳动仲裁。仲裁请求如下：①确认孙某自 2002 年 11 月至 2015 年 3 月 23 日与 K 公司存在劳动关系；② K 公司向孙某支付 2014 年 12 月至 2015 年 3 月工资 6×××元；③ K 公司、G 公司、Y 公司连带向孙某支付违法解除劳动合同赔偿金3××××元。

2. 仲裁院认定情况。

（1）关于用工主体资格问题。①根据《G公司2014年年度报告》中"2007年1月，公司成功收购Y公司的部分资产"的记载，以及2007年4月××日《××日报》B5版就"Y公司将部分资产和业务相关的债权债务转让给G公司的情况向社会公告"的记载，可知2007年1月，G公司收购Y公司的部分资产，其中包括K公司；②根据Y公司、G公司相关收购文件，G公司收购时已将K公司相关业务、资产和员工全部承接，由于G公司未提供具体的收购日期，仲裁院合理推定G公司从2007年1月1日起承接；③根据K公司的营业执照信息，K公司自2014年1月1日方登记成立，此前其无用工主体资格，其用工主体责任应由G公司承担。

综上，仲裁院认定自2007年1月1日起，G公司收购K公司，并承接K公司员工，承担K公司用工主体责任。

（2）关于劳务外包问题。根据K公司提供的分别与F公司、J公司、D公司签订的后勤服务合同，可认定K公司的后勤服务工作从2010年12月31日起依次发包给上述三家公司。

（3）关于劳动关系问题。①孙某主张与K公司在2002年11月至2015年3月23日期间存在劳动关系，对此提交了加盖K公司印章的"K公司后勤作业证""作业人员准入证""出入证"以及显示有"K公司"字样的饭卡等证据。根据原劳动和社会保障部《关于确立劳动关系有关事项的通知》第一条和第二条的规定，用人单位未与劳动者签订劳动合同，认定双方存在劳动关系时可参照用人单位向劳动者发放的"工作证""服务证"等能够证明身份的证件予以判断。孙某提交的系列证件显示其在 K 公司的工作时间从 Y 公司分支机构时期直至 2015 年。②K 公司否认与孙某存在劳动关系，并主张孙某是后勤服务外包单位的员工，K 公司仅出于管理的方便，所以统一给后勤服务外包单位派驻的员工办理了上述证件。对此，K 公司提交了分别与 F 公司、J 公司、D 公司签订的后勤服务合同，期限自 2010 年 12 月至 2015 年 12 月，但后勤服务合同仅证明 K 公司将后勤服务工作发包给劳务承包单位，并不足以证明孙某与上述劳务承包单位存在劳动关系，且上述劳务承包单位的承包时间均晚于孙某证件上显示的任职时间。③劳务承包单位 F 公司未出庭答辩；J 公司否认与孙某存在劳动关系，并提供了外派 K 公司人员名单，名单显示没有孙某的名字，K 公司否认名单的真实性，但未能提供相反证据；D 公司确认孙某于 2015 年 1 月 1 日入职，并于 2015 年 3 月 23 日离职，并提供了考勤表和工资表，但未能提供书面劳动合同。④根据《中华人民共和国劳动争议调解仲裁法》第二十七条的规定，劳动争议的仲裁时效从当事人知道或者应当知道其权利被侵害之日起一年，2007 年 1 月 1 日，K 公司被 G 公司收购，K 公司的用工责任由 G 公司承担，收购事项是 K 公司经营过程中的重大变更事项，涉及孙某的切身利益，孙某对收购情况理应知悉，其于 2015 年 2 月 2 日申请仲裁，要求确认 2007 年 1 月 1 日以前的劳动关系，已超过仲裁时效，仲裁院不予支持。

综上所述，仲裁院认定孙某自 2007 年 1 月 1 日至 2015 年 3 月 23 日期间与 G 公司存在劳动关系。

（4）关于工资问题。关于孙某主张 2014 年 12 月至 2015 年 3 月的工资问题，D 公司已向孙某转账支付 2014 年 12 月至 2015 年 3 月工资 7×××元，孙某再要求支付没有依据，仲裁院不予支持。

（5）关于违法解除劳动关系赔偿问题。孙某主张，黄某某通知其离职，但黄某某经仲裁院依法通知，未到庭说明离职情况，且孙某没有证据证明 K 公司或 G 公司通知与其解除劳动关系，对孙某要求 K 公司或 G 公司支付违法解除劳动关系赔偿金的主张，仲裁院不予支持。

3. 仲裁裁决。

（1）确认申请人孙某与被申请人 G 公司在 2007 年 1 月 1 日至 2015 年 3 月 23 日期间存在劳动关系。

（2）驳回申请人的其他仲裁请求。

（二）一审阶段

1. 仲裁裁决后，孙某、G 公司均不服，分别向某人民法院（以下简称"法院"）提起诉讼。

2. 一审判决。

法院对 D 公司提交的考勤记录表、工资表及工资转账凭证予以确认，因此认定 2015 年 1 月 1 日 D 公司承包 K 公司后勤工作之日起，孙某与 D 公司建立劳动关系，孙某与 G 公司的劳动关系因孙某与 D 公司建立劳动关系而于 2014 年 12 月 31 日解除。法院对其他事项的认定与仲裁院一致。

法院于 2016 年 12 月作出民事判决书，判决如下：

（1）确认孙某与 G 公司在 2007 年 1 月 1 日至 2014 年 12 月 31 日期间存在劳动关系。

(2) 驳回孙某的其他诉讼请求。

(三) 二审阶段

1. 一审判决后，孙某、G 公司均不服，分别向某中级人民法院（以下简称"中院"）提起上诉。

2. 二审判决。中院于 2017 年 11 月作出民事判决书，判决如下：驳回上诉，维持原判。

第二部分：涉及法律条文及案例对应分析

一、关于用工主体资格问题

《中华人民共和国劳动合同法实施条例》第四条规定："劳动合同法规定的用人单位设立的分支机构，依法取得营业执照或者登记证书的，可以作为用人单位与劳动者订立劳动合同；未依法取得营业执照或者登记证书的，受用人单位委托可以与劳动者订立劳动合同。"

本案中 K 公司于 2007 年 1 月 1 日被收购，成为 G 公司的分支机构后，直到 2014 年 1 月 1 日方才登记取得营业执照，因此，2007 年至 2014 年期间其不具备用工主体资格，其用工主体责任由 G 公司承担。

二、关于劳动关系问题

1.《劳动和社会保障部关于确立劳动关系有关事项的通知》第一条规定："用人单位招用劳动者未订立书面劳动合

同，但同时具备下列情形的，劳动关系成立。（一）用人单位和劳动者符合法律、法规规定的主体资格；（二）用人单位依法制定的各项劳动规章制度适用于劳动者，劳动者受用人单位的劳动管理，从事用人单位安排的有报酬的劳动；（三）劳动者提供的劳动是用人单位业务的组成部分。"

2.《劳动和社会保障部关于确立劳动关系有关事项的通知》第二条规定："用人单位未与劳动者签订劳动合同，认定双方存在劳动关系时可参照下列凭证：（一）工资支付凭证或记录（职工工资发放花名册）、缴纳各项社会保险费的记录；（二）用人单位向劳动者发放的'工作证''服务证'等能够证明身份的证件；（三）劳动者填写的用人单位招工招聘'登记表''报名表'等招用记录；（四）考勤记录；（五）其他劳动者的证言等。其中，（一）、（三）、（四）项的有关凭证由用人单位负举证责任。"

依据上述规定，用人单位未与劳动者签订劳动合同，认定双方存在劳动关系时可参照用人单位向劳动者发放的"工作证""服务证"等能够证明身份的证件予以判断。本案中K公司为孙某办理的加盖K公司印章的"K公司后勤作业证""作业人员准入证""出入证"以及显示有"K公司"字样的饭卡的行为符合用人单位为劳动者办理工作证等证件的行为，如果不是本单位员工，应该在办理相关证件时注明证件持有人的身份。上述工作证件等证据虽难以准确地证明孙某的任职时间，但有利于仲裁院或法院认定孙某与K公司存在劳动合同关系。

3.《中华人民共和国劳动合同法》第七条规定："用人单位自用工之日起即与劳动者建立劳动关系。用人单位应当

第一章
劳动关系确认类

建立职工名册备查。"

4.《中华人民共和国劳动争议调解仲裁法》第六条规定:"发生劳动争议,当事人对自己提出的主张,有责任提供证据。与争议事项有关的证据属于用人单位掌握管理的,用人单位应当提供;用人单位不提供的,应当承担不利后果。"

5.《最高人民法院关于民事诉讼证据的若干规定》第二条规定:"人民法院应当向当事人说明举证的要求及法律后果,促使当事人在合理期限内积极、全面、正确、诚实地完成举证。当事人因客观原因不能自行收集的证据,可申请人民法院调查收集。"

6.《最高人民法院关于民事诉讼证据的若干规定》第七条规定:"一方当事人对于另一方当事人主张的于己不利的事实有所限制或者附加条件予以承认的,由人民法院综合案件情况决定是否构成自认。"

本案中K公司否认与孙某存在劳动关系,并主张孙某是后勤服务外包单位的员工,为孙某办理上述工作证件,仅出于管理的方便,并出具了与后勤服务外包单位签订的后勤服务合同作为证据。首先,后勤服务合同这一证据仅为间接证据,且无其他证据可以互相印证,因此并不足以证明孙某与后勤服务外包单位的劳动合同关系;其次,K公司作为发包单位,理应对外包单位进驻在本单位的工作人员进行必要的管理和审查,K公司却没有任何派驻人员名单;再次,J公司否认与孙某存在劳动关系,并提供了"外派K公司人员名单",名单显示没有孙某的名字,K公司否认名单的真实性,但未能提供相反证据。综上所述,K公司未能提供有力证据，应当承担不利的后果。

7.《中华人民共和国劳动争议调解仲裁法》第二十七条规定："劳动争议申请仲裁的时效期间为一年。仲裁时效期间从当事人知道或者应当知道其权利被侵害之日起计算。"

依据上述规定，本案中，2007年1月1日，K公司被G公司收购，K公司的用工责任由G公司承担，收购事项是K公司经营过程中的重大变更事项，涉及孙某的切身利益，孙某对收购情况理应知悉，其于2015年2月2日申请仲裁，要求确认2007年1月1日以前的劳动关系，已超过仲裁时效，因此仲裁院和法院均不予支持。

三、关于工资支付问题

《中华人民共和国劳动法》第五十条规定："工资应当以货币形式按月支付给劳动者本人。不得克扣或者无故拖欠劳动者的工资。"

依据上述规定，本案中孙某要求K公司支付2014年12月至2015年3月工资，而D公司确认已向孙某转账支付2014年12月至2015年3月工资7×××元，并出具了转账凭证，孙某再要求支付没有依据，仲裁院和法院均不予支持。

第三部分：问题剖析

一、孙某案例的主体定性问题

孙某案例涉及的问题包括用工主体、确认劳动关系、工资支付三个方面，其中的核心问题是确认劳动关系，但核心问题与用工主体是分不开的。

1. 讨论用工主体。孙某这个案例实际上呈现了在劳动关系、劳务关系、派遣关系、业务外包等方面的诸多乱象，也反映了市场和企业以及法律层面对这个问题逐步清理、整顿和规范的过程。

根据孙某陈述的情况来看，他认为 2010 年以前他与用工主体之间存在事实劳动关系，这也是他在诉讼请求中要确定的关系。但是，经过调查发现事实并非如此，而实际情况是什么呢？这就要从 K 公司的业务发包源头说起。

作为国有企业，K 公司在用工管理上非常严格，人员进出审批都有一套完整的手续和流程。K 公司随着经营范围的扩大，形成了用工缺口。一方面用工严重不足，另一方面人员招收的审批流程烦琐且严格。当时，有内部职工提出由其组织人手承包这个外包项目。由于是内部职工，又熟悉这个业务，考虑到比较好管理，这个外包项目就开展起来了。最初，由内部职工找来的人承包这个外包项目，这样除了工资外，其他"五险一金"能省的都省掉了，企业也觉得这种方式非常省事，后来陆续产生的外包项目都采取这种方式。这是业务外包的1.0阶段。

后来，随着法律和法规对劳动用工管理的规范化和严格化，个体承包的业务外包方式逐步被淘汰，转变为公司化运营。内部承包人相继设立公司，按照公司化运营，为聘用的工人提供基本的保险。这是业务外包的2.0阶段。

再后来，随着K公司并入G公司，G公司作为上市公司，内部审计制度的逐步严格，业务外包市场化程度更高，绝大部分达到招投标条件的业务基本上都是通过招投标方式选取业务承包商。原先的外包公司为了继续获得业务且规避用工的法律责任，经常根据需要变更公司名称。这就是业务外包的3.0阶段。

随着管理的日益规范，上市公司的业务外包项目逐步走上正轨，但各阶段所遗留的问题并没有得到解决。当劳动者感受到利益被侵害时，相应的劳动争议和诉讼自然就产生了。

虽然用工主体的名称不断变更，但是大部分用工主体的法定代表人并没有更换。当然，其中有部分用工主体的名称变更，法定代表人也同步变更。这些操作都是为了规避风险、躲避责任，企业实际控制人并没有改变，雇佣的员工还是那些员工，工作内容也没有发生实质性改变。要捋清这些用工主体的实质，必须通过实地调研，详细了解这些历史沿革。在调查中，企业的证据留存就显得非常重要，在这里不展开讨论。

2. 讨论劳动关系的确立。除了法定主体、客体以及权利义务的要求，实际上必须要有双方的合意，这种合意不仅体

第一章
劳动关系确认类

现于双方建立劳动关系的意愿，也体现于双方对劳动权利义务的履行。例如，用人单位为劳动者缴纳社会保险费用、发放工资等，劳动者提供劳动并遵守用人单位内部的规章制度。

法院所采信的能证明劳动关系的关键证据，在许多情况下是由企业主动且无意中建立的合法证据，如"工作证""服务证"等。这种情况的发生，往往是由企业的管理漏洞造成的。

3. 研究两个容易混淆的概念。孙某案例中涉及的劳动关系、劳务关系两个概念极易混淆，有必要探讨一下二者的区别。

（1）劳动关系。劳动关系是指用人单位与劳动者之间依法所确立的劳动过程中的权利义务关系。

根据《中华人民共和国劳动法》《中华人民共和国劳动合同法》《劳动和社会保障部关于确立劳动关系有关事项的通知》等相关规定，劳动关系的确立应自用工之日起建立，且双方应签订书面劳动合同，用人单位招用劳动者未订立书面劳动合同，但同时具备下列情形的，也应认定双方存在劳动关系：①用人单位和劳动者符合法律、法规规定的主体资格；②用人单位依法制定的各项劳动规章制度适用于劳动者，劳动者受用人单位的劳动管理，从事用人单位安排的有报酬的劳动；③劳动者提供的劳动是用人单位业务的组成部分。

（2）劳务关系。劳务关系是指提供劳务的一方向另一方提供劳务，另一方接受劳务并支付约定的报酬而相互形成的权利义务关系。例如，家庭或者个人与家政服务员的关系，个体工匠与学徒、帮工的关系，农村承包经营户与受雇人的关系，用人单位与已经享受退休待遇人员的关系。

（3）依据上述规定，劳动关系与劳务关系的区别大致有以下九点。

一是主体资格不同。劳动关系的双方当事人具有特定性，一方是用人单位，另一方是劳动者。其中，劳动者必须是符合劳动法规定的条件，具有劳动能力和行为能力的自然人，用人单位必须是与劳动者建立起劳动关系的国家机关、事业单位、社会团体、企业、个体经济组织或民办非企业单位等组织，即劳动关系的主体不能同时都是自然人。

而劳务关系的要求没有那么严格，双方当事人没有特定性，劳务提供方可以是自然人，也可以是法人或者其他组织。即劳务关系的主体可以双方同时都是自然人、法人或者其他组织。

二是主体关系不同。劳动关系的双方当事人之间，不仅存在着财产关系，还存在着人身关系，即管理与被管理的行政隶属关系。劳动者是用人单位的成员，除了提供劳动之外，还要遵守用人单位的规章制度，接受用人单位的劳动管理，听从用人单位的工作安排等。双方之间的关系具有一定的稳定性。

而劳务关系的双方当事人之间是平等的民事权利义务关系，一方当事人提供劳务服务，另一方当事人接受劳务并支付劳务报酬，彼此之间仅存在财产关系，不存在行政隶属关系。双方之间的关系具有一定的临时性。

三是提供劳动是否为用人单位业务组成部分方面不同。在劳动关系中，劳动者提供的劳动是用人单位的业务组成部分,即如果用人单位提供劳动场所、工具等基本劳动条件,劳动者按照用人单位的指令提供劳动,劳动的过程体现分工协作,劳动者的工作成果是用人单位业务的组成部分,而不是最终成果,应当确认双方之间的关系是劳动关系。而在劳务关系中,劳动者提供的劳动多为非业务组成部分。

四是主体义务不同。劳动关系中充分体现了国家对劳动者的保护,劳动法律、法规为用人单位规定了许多法定义务。例如:用人单位应在用工之日起一个月内与劳动者签订书面劳动合同,否则应向劳动者支付双倍工资;用人单位必须为劳动者缴纳社会保险;用人单位支付给劳动者的工资不得低于最低工资标准;等等。这些义务是法定义务,用人单位不得与劳动者协商变更或规避。而劳务关系中一般没有上述法定义务,双方可自由约定权利义务。

五是报酬支付原则不同。在劳动关系中,用人单位向劳动者支付的工资需要遵循按劳分配、同工同酬的原则,且不得低于当地政府规定的最低工资标准。而在劳务关系中,双方地位平等,一方当事人向另一方支付的报酬按市场原则由双方协商确定。

六是适用法律不同。劳动关系主要由劳动法和社会保障法来调整,用人单位与劳动者发生的纠纷适用《中华人民共和国劳动法》《中华人民共和国劳动合同法》等劳动法律法规的规定。而劳务关系则由《中华人民共和国民法典》进行规范和调整。

七是主体承担的法律责任不同。在劳动关系中,若不履行、非法履行劳动合同,当事人要承担的责任不仅有民事责任,而且还可能有行政上的责任,如用人单位违反规定,延长劳动者工作时间的，劳动行政部门可以给予用人单位罚款等行政处罚。而在劳务关系纠纷中，当事人之间违反约定，可能产生的责任一般只有违约和侵权等民事责任，并无行政责任。

八是争议解决途径不同。劳动关系中发生的争议，必须先经过劳动争议仲裁机构的仲裁才可以起诉至人民法院，劳动仲裁是民事诉讼的法定前置程序。而劳务关系中发生的争议则无须经过劳动争议仲裁前置程序，争议发生后双方不能协商解决的可直接起诉至人民法院。

九是保护时效不同。劳动关系的保护时效按照《中华人民共和国劳动争议调解仲裁法》第二十七条的规定，一般为一年。而劳务关系作为一般民事法律关系，其保护时效按照《中华人民共和国民法典》第一百八十八条的规定，一般为三年。

综上所述，理清劳动关系与劳务关系的区别，对于劳动关系的认定至关重要。

二、孙某案例涉及问题的原因分析

在孙某案例中，虽然申请人提出了一系列的仲裁请求，但其实我们只要把以下三个问题搞清楚就足够了。

1. 孙某为什么把仲裁对象指向 K 公司？

其实，我们在本章第一个赵某案例中已经分析了，如果企业类型属于国有企业、集体企业、事业单位，就特别容易出现这种问题，至于涉及企业类型的原因，大家可以详细参照前面赵某案例的原因分析，这里不再重复。可以看出，仲裁或诉讼对象的指向性跟企业类型有很大关联。很多人觉得国有企业、事业单位财大气粗，多承担一点责任也没关系，孙某就不排除有这种心理。

通过调查发现，一旦出现劳动争议，即使国有企业和大型企业不是真正的用工主体，基于上述原因，劳动者也倾向于将仲裁或诉讼对象指向国有企业或大型企业。

企业要坚决抵制这种钻空子的人和杜绝这种行为。企业不是慈善机构，对上述孙某的案例要形成正确的导向，要坚决通过法律途径，而不是采取息事宁人的办法来解决。科学的应对能减少这种投机行为。对通过某种手段达到个人目的的行为应采取坚决的应对措施，坚决将事态控制在发端。

2. 真正的用工主体是谁？

与孙某建立劳动关系的实际用工主体是F公司、J公司、D公司，但在触及实际法律风险和利益时，F公司、J公司、D公司三个公司的表现各异：劳务承包单位F公司未出庭答辩；J公司否认与孙某存在劳动关系，并提供了外派K公司人员名单，名单显示没有孙某的名字；D公司确认孙某于2015年1月1日入职，并于2015年3月23日离职，并提供了考勤表和工资表，但未能提供书面劳动合同。

对此，K公司提交了其分别与F公司、J公司、D公司签订的后勤服务合同，期限自2010年12月至2015年12月。但是，后勤服务合同仅证明K公司将后勤服务工作发包给劳务承包单位，并不足以证明孙某与上述劳务承包单位存在劳动关系。在涉及企业切身利益的时候，很少有企业会主动承担相应的法律风险。

3. K公司诉讼失败的原因是什么？

（1）K公司提交的后勤服务合同仅证明K公司将后勤服

务工作发包给了劳务承包单位,并不足以证明孙某与上述劳务承包单位存在劳动关系,且上述劳务承包单位的承包时间均晚于孙某证件上显示的任职时间。

(2) K公司仅出于管理的方便,统一给后勤服务外包单位派驻的员工办理了出入证件,而出入证是唯一能佐证其劳动关系的证据。

第四部分:管控分析

一、法律方面

企业在实行业务外包过程中,保证流程执行的完整性,既做到依法合规,又将资料保存完整,还可以维护自身的正当利益。

二、公司方面

我们总结为如下的经验和教训。

1. 依法订立合同。外包项目必须依法签订书面合同,明确双方的权利和义务。各单位对相同或类似事项的委托外包项目,应使用统一规范的合同文本,外包合同须明确规定承包企业不得将业务转包,明确划分合同各方在现场管理、安全监管、治安消防、人员培训、劳动用工、事故处理、违约责任等方面的职责界限,避免责任纠纷或劳动纠纷;对在特殊区域内作业且直接涉及行业安全的业务,应按规定在合同附件中增加安全协议。

2. 加强合同审查。承办部门、单位提交合同审查时,应同时将相关公司批准的外包项目计划、财务预算作为附件提交审查。

3. 监督合同履行。公司要加强合同履行过程管理,不得以包代管,要严格监督承包企业履行合同约定的义务,同时不得要求承包企业从事合同未约定的工作;承包企业如出现重大违约行为,应根据合同约定及时处理并依法追究承包企业的违约责任。

4. 规范人员管理。承包企业是其从业人员用工管理的责任主体。对在公司管辖区域内作业且直接涉及安全的业务,承包企业应依法规范用工和从业人员管理,将相关从业人员名单交公司备案并动态更新;涉及安全关键岗位作业的人员应按规定在公安机关备案。

5. 强化岗位培训。承包企业是其从业人员岗位培训的责任主体。对在公司管辖区域内作业且直接涉及安全的业务,承包企业从业人员应具备从事相关岗位的资格和能力,按规定进行岗前及岗上业务和安全培训,先培训,后上岗;承包企业不具备培训资质或条件的,可依法委托相关公司代为培训。业务发包单位要检查确认承包企业从业人员的上岗资格和培训记录,杜绝承包企业从业人员无证上岗。

6. 规范证件管理。业务发包单位不得直接管理、考核承包企业从业人员,不得向承包企业从业人员发放具名或盖章的工作证、乘车证、上岗证、考勤表,以及其他可能引发劳动争议的标识、证书、证件、证明材料等,不得直接向承包企业从业人员支付任何工资性收入,防止劳动纠纷。

7. 强化现场监控。要监督承包企业严格执行公司安全规章制度、技术工艺标准、作业流程等，督促或指导承包企业完善相关岗位从业人员的作业指导书；要与承包企业建立作业现场安全监督检查和联动机制，督促承包企业全面履行安全生产主体责任，明确现场安全控制措施。

8. 落实责任考核。公司应加强业务外包工作的监督检查，根据国家法律法规和公司管理制度、安全规章、作业标准、合同条款对违规的单位和承包企业提出追责和考核意见，违规单位、承包企业各自落实个人考核。

9. 规范验收结算。公司应明确外包业务工作量计算、考核、验收标准并将其纳入合同内容，对外包业务的完成质量和工作进度进行严格把关，按合同条款办理费用结算。对未达到合同约定而造成的损失，及时向承包企业索赔。

三、劳动者方面

虽然法院最终裁定孙某与 K 公司之间存在劳动关系，但形成这一结果的关键原因是 K 公司在业务发包管理上存在漏洞，如果业务发包方 K 公司堵住了自身管理的漏洞，则双方的劳动关系是根本无从确认的。随着企业业务外包管理的逐步规范，这些漏洞必将会被发现和堵住。劳动者要确保自身权益，无论是建立何种关系的用工方式，劳动者首先要在意识上明确自己是与谁建立劳动关系，这种关系一定要通过签订合法有效的劳动合同来保证，以免在后期发生争议时，自己的权益被侵害却无从追溯。

第五部分：案例总结

一、问题精要

孙某案例涉及的问题有用工主体、确认劳动关系、工资支付三个方面，其中的核心问题是确认劳动关系，但这个核心问题与用工主体是分不开的。

二、管理精要

1. 规范业务外包过程，外包项目必须依法签订书面合同，明确双方的权利和义务。明确划分合同各方在现场管理、安全监管、治安消防、人员培训、劳动用工、事故处理、违约责任等方面的职责界限，避免责任纠纷或劳动纠纷。

2. 加强业务外包项目的现场监管，落实责任考核。

第二章

劳动合同解除类

第二章 劳动合同解除类

以未按合同约定提供劳动保护和劳动条件、未足额支付报酬为由解除劳动合同案

——李某劳动争议案

第一部分：案例详解

案例： 李某劳动争议案。

判词： 用人单位不存在未及时足额支付劳动报酬、未按照劳动合同条件约定提供劳动保护和劳动条件、违章指挥、强令冒险作业危及劳动者人身安全的情形，在此情形下劳动者提出解除劳动合同，用人单位无须支付经济补偿金。

案例详情

一、案由

劳动关系争议。

二、当事人

劳动者：李某，男，汉族。
用人单位：G公司。

三、基本案情

李某于2009年11月1日与G公司签订无固定期限劳动合同，离职前任职桥式起重机司机。李某于2016年任职期间认为其在操作起重机时起重机存在导轨有裂纹、连接板有裂纹和钢丝绳老化/不结实等安全隐患。李某认为其将前述情况反映至G公司后，G公司未按其要求进行整改完善。同时，李某认为2015年4月21日至2015年12月31日期间G公司延长其工作时间并要求其在休息日加班，但未向其支付足额加班工资。据此，李某于2016年6月29日向G公司提交解除劳动合同通知书，要求解除劳动合同并要求G公司支付经济补偿金。

四、裁判结果

（一）仲裁阶段

1. 仲裁请求。2017年4月20日，李某以G公司为被申请人向某劳动人事争议仲裁委员会（以下简称"仲裁委"）申请劳动仲裁。仲裁请求如下：①裁决被申请人与申请人在1992年12月1日至2016年6月29日期间存在劳动合同关系；②裁决被申请人支付2015年12月2日至27日的病假工资差额44××元；③裁决被申请人支付2014年6月29日至

2016年6月29日期间延长工作时间工资及休息日加班工资55××元;④裁决被申请人支付解除劳动合同的经济补偿金17×××元。

2. 仲裁委认定情况。

(1) 关于劳动关系问题。李某于1992年12月1日入职G公司,其在2016年6月29日向G公司提交解除劳动合同通知书,故裁决确认李某与G公司在1992年12月1日至2016年6月29日期间存在劳动关系,由此计得李某在G公司的工作年限已满23年6个月不满24年。

(2) 关于加班工资问题。本案中G公司提供了2015年6月至2016年6月的考勤记录表和工资单,虽然G公司主张李某的工作内容性质为不定时,因此在其工资单中所显示的加班费实为奖金,向李某发放的工资中已足额包含其劳动所得,但是,G公司提供的2015年9月、10月、12月"广州检修车间奖金发放明细表"显示李某在前述期间亦有"加班费"项目,故仲裁委认定李某在职期间存在加班事实,G公司支付给李某的为加班工资而非奖金。因G公司提供的2015年6月至2016年6月的考勤记录表显示李某平均每周有2天休息时间,故仲裁委认定李某不存在休息日加班情况,但因该表仅记载李某2015年6月至2016年6月期间的出勤记录,未显示李某工作日的上班时间,故G公司应对李某的日工作时间承担举证不能的不利后果,仲裁委采纳李某的主张,认定李某2015年4月21日至2015年12月31日期间延长工作时间52小时、2016年1月1日至2016年6月29日期间延长工作时间40小时,G公司应按规定支付李某2015年4月21日至2016年6月29日期间延长工作时间的工资差额。李某要求支付2015年4月21日前的加班工资已超保护时效，不予支持。

（3）关于病假工资差额问题。根据《广东省工资支付条例》第二十四条的规定，用人单位支付的病伤假期工资不得低于当地最低工资标准的80%。李某未能举证证明其在2015年12月2日至27日期间获得的报酬低于前述标准，故不予支持该请求。

（4）关于解除劳动合同的经济补偿问题。因李某提供的（××）质监复〔2016〕××号《关于李某投诉G公司起重机械处理情况的答复》、（×）质监特令第（000×）号《特种设备安全监察指令书》显示G公司在特种设备安全方面存在下列问题：导轨有裂纹、连接板有裂纹，该情形符合"未按劳动合同约定提供劳动保护或者劳动条件"的约定，且在已认定未足额支付加班工资的前提下，李某以此为由解除劳动合同，故G公司应支付经济补偿。

3. 仲裁裁决。

（1）确认李某与G公司在1992年12月1日至2016年6月29日期间存在劳动关系。

（2）G公司在裁决书生效之日起三日内向李某支付2015年4月21日至2016年6月29日期间延长工作时间工资差额18××元。

（3）G公司在裁决书生效之日起三日内向李某支付经济补偿金160×××元。

（4）驳回李某的其他仲裁请求。

（二）一审阶段

1. 仲裁裁决后，G公司不服，向某人民法院（以下简称"法院")提起诉讼。

2. 起诉理由。

(1)李某无充分证据证明 G 公司延长其工作时间及未及时足额支付劳动报酬。

根据考勤记录表,G 公司并未延长李某的工作时间。李某所提供的声称其存在超时工作情形的相关证据为手写制作且未经相关人员签字确认,且未记录超时工作的具体时点和时长,相关证据的真实性、合法性存疑,无法证明 G 公司在 2015 年 4 月 21 日至 2016 年 6 月 29 日期间延长李某的工作时间。

李某的工作内容是检修、维护特种设备,G 公司按照李某检修和维护的设备台数、次数以及维修难度等情况(而非李某工作时长)对李某的工作情况进行考核,并发放奖金。这也是 G 公司考勤记录表只记录员工工作天数而不记录工作时间的原因。李某奖金即工资单以及"检修车间奖金发放明细表"中的"加班费"和"计件工资"。因此,工资单和"检修车间奖金发放明细表"显示的"加班费"属于 G 公司对李某的奖励,并非 G 公司延长李某工作时间的工资。

(2)G 公司不存在"未及时足额支付劳动报酬"及"未按照劳动合同约定提供劳动保护或者劳动条件"的情形,无须向李某支付解除劳动合同经济补偿金。

在李某于 2016 年 6 月 8 日向质监部门投诉 G 公司的一台起重机械(以下简称"涉案设备")导轨、连接板有裂纹之前,G 公司的所有起重机械(包括涉案设备)经行业特种设备检测所于 2016 年 3 月 15 日检测均合格。在 2016 年 3 月检验合格至 2016 年 6 月李某投诉涉案设备存在安全隐患期间,G 公司未收到李某及其他人员关于涉案设备存在安全隐患的报障检修记录。因此，截至李某投诉涉案设备存在安全隐患之前，涉案设备运行正常，G公司不存在明知其设备存在安全隐患而强令李某作业的情况。

在质监部门于2016年6月8日进行现场检查并要求G公司对涉案设备进行检查整改后，G公司立即停止了对涉案设备的使用，并落实了整改措施，直至整改完成且得到质监部门认可后才恢复对涉案设备的使用。因此，G公司在得知涉案设备存在问题后及时进行了整改并在整改期间停止使用涉案设备，不存在明知其设备存在安全隐患而强令李某作业的情况。

（3）G公司涉案设备出现的问题不属于严重事故隐患，不构成"未按照劳动合同约定提供劳动保护或者劳动条件"的情形。

涉案设备所出现的问题属于特种设备的日常故障问题。根据质监部门出具安全监察指令书的行政行为以及该行政行为所依据的《中华人民共和国特种设备安全法》的相关规定，涉案设备的安全隐患不属于严重事故隐患，G公司的行为不属于重大违法违规行为。G公司在发现涉案设备存在问题后，及时进行了整改，消除了隐患，未对劳动者的人身安全造成任何损害。如果只要用人单位的机械设备出现质量问题就被认定为"未按照劳动合同约定提供劳动保护或者劳动条件"，从而被解除劳动合同并被要求支付解除劳动合同经济补偿，可能会导致大量劳动者利用此点与用人单位解除劳动合同并索要经济补偿，这对用人单位是极其不合理和不公平的。因此，在涉案设备出现安全隐患并得到及时消除且未对劳动者造成任何损害的情况下，不应认定G公司未按照劳动合同约定提供劳动保护或者劳动条件，G公司无须为此向李某支付经济补偿。

3．一审判决。法院采纳了 G 公司的起诉意见，于 2018 年 4 月作出民事判决书，判决如下：

（1）确认李某与 G 公司在 1992 年 12 月 1 日至 2016 年 6 月 29 日期间存在劳动关系。

（2）G 公司无须向李某支付 2015 年 4 月 21 日至 2016 年 6 月 29 日期间延长工作时间工资差额 18××元。

（3）G 公司无须向李某支付经济补偿金 160××元。

（三）二审阶段

1．一审判决后，李某不服，向某中级人民法院（以下简称"中院"）提起上诉。

2．二审判决。中院于 2018 年 10 月作出民事判决书，判决如下：驳回上诉，维持原判。

（四）再审阶段

1．二审判决后，李某又向某高级人民法院（以下简称"高院"）申请再审。

2．再审裁定：高院于 2019 年 9 月裁定驳回李某的再审申请。

第二部分：涉及法律条文及案例对应分析

一、关于劳动关系解除问题

《中华人民共和国劳动合同法》第三十八条规定："用

人单位有下列情形之一的，劳动者可以解除劳动合同：（一）未按照劳动合同约定提供劳动保护或者劳动条件的；（二）未及时足额支付劳动报酬的；（三）未依法为劳动者缴纳社会保险费的；（四）用人单位的规章制度违反法律、法规的规定，损害劳动者权益的；（五）因本法第二十六条第一款规定的情形致使劳动合同无效的；（六）法律、行政法规规定劳动者可以解除劳动合同的其他情形。用人单位以暴力、威胁或者非法限制人身自由的手段强迫劳动者劳动的，或者用人单位违章指挥、强令冒险作业危及劳动者人身安全的，劳动者可以立即解除劳动合同，不需事先告知用人单位。"（劳动者单方解除劳动合同）

二、关于支付经济补偿金问题

1.《中华人民共和国劳动合同法》第四十六条规定："有下列情形之一的，用人单位应当向劳动者支付经济补偿：（一）劳动者依照本法第三十八条规定解除劳动合同的；（二）用人单位依照本法第三十六条规定向劳动者提出解除劳动合同并与劳动者协商一致解除劳动合同的；（三）用人单位依照本法第四十条规定解除劳动合同的；（四）用人单位依照本法第四十一条第一款规定解除劳动合同的；（五）除用人单位维持或者提高劳动合同约定条件续订劳动合同，劳动者不同意续订的情形外，依照本法第四十四条第一项规定终止固定期限劳动合同的；（六）依照本法第四十四条第四项、第五项规定终止劳动合同的；（七）法律、行政法规规定的其他情形。"（经济补偿）

2.《中华人民共和国劳动合同法》第三十六条规定：

第二章 劳动合同解除类

"用人单位与劳动者协商一致，可以解除劳动合同。"

3.《中华人民共和国劳动合同法》第四十条规定："有下列情形之一的，用人单位提前三十日以书面形式通知劳动者本人或者额外支付劳动者一个月工资后，可以解除劳动合同：（一）劳动者患病或者非因工负伤，在规定的医疗期满后不能从事原工作，也不能从事由用人单位另行安排的工作的；（二）劳动者不能胜任工作，经过培训或者调整工作岗位，仍不能胜任工作的；（三）劳动合同订立时所依据的客观情况发生重大变化，致使劳动合同无法履行，经用人单位与劳动者协商，未能就变更劳动合同内容达成协议的。"（无过失性辞退）

4.《中华人民共和国劳动合同法》第四十一条规定："有下列情形之一，需要裁减人员二十人以上或者裁减不足二十人但占企业职工总数百分之十以上的，用人单位提前三十日向工会或者全体职工说明情况，听取工会或者职工的意见后，裁减人员方案经向劳动行政部门报告，可以裁减人员：（一）依照企业破产法规定进行重整的。"（经济性裁员）

5.《中华人民共和国劳动合同法》第四十四条规定："有下列情形之一的，劳动合同终止：（一）劳动合同期满的；（二）劳动者开始依法享受基本养老保险待遇的；（三）劳动者死亡，或者被人民法院宣告死亡或者宣告失踪的；（四）用人单位被依法宣告破产的；（五）用人单位被吊销营业执照、责令关闭、撤销或者用人单位决定提前解散的；（六）法律、行政法规规定的其他情形。"（劳动合同的终止）

在本案中，李某是以 G 公司存在《中华人民劳动合同法》第三十八条的情形为由主动提起解除劳动合同，并依据第四十六条主张经济补偿金。

三、关于仲裁时效问题

1. 《中华人民共和国劳动争议调解仲裁法》第二条："中华人民共和国境内的用人单位与劳动者发生的下列劳动争议，适用本法：（一）因确认劳动关系发生的争议；（二）因订立、履行、变更、解除和终止劳动合同发生的争议；（三）因除名、辞退和辞职、离职发生的争议；（四）因工作时间、休息休假、社会保险、福利、培训以及劳动保护发生的争议；（五）因劳动报酬、工伤医疗费、经济补偿或者赔偿金等发生的争议；（六）法律、法规规定的其他劳动争议。"

2. 《中华人民共和国劳动争议调解仲裁法》第二十七条："劳动争议申请仲裁的时效期间为一年。仲裁时效期间从当事人知道或者应当知道其权利被侵害之日起计算。……劳动关系存续期间因拖欠劳动报酬发生争议的，劳动者申请仲裁不受本条第一款规定的仲裁时效期间的限制；但是，劳动关系终止的，应当自劳动关系终止之日起一年内提出。"

根据上述规定，李某的主张均属于劳动争议，劳动争议适用于仲裁时效的规定，法律只保护仲裁时效期限内的权益。本案中，李某于 2016 年 4 月 21 日才提起劳动仲裁主张其权利，故其于 2015 年 4 月 21 日之前的请求仲裁委认定不受保护，比如 2015 年 4 月 21 日之前的加班工资。另外值得注意的是，因加班工资亦属于劳动报酬的组成部分，若李某在提起该请求的时候仍为在职员工，则该请求不受仲裁时效的限制。

四、关于加班费问题

1. 《中华人民共和国劳动合同法》第三十一条："用人单位应当严格执行劳动定额标准，不得强迫或者变相强迫劳动者加班。用人单位安排加班的，应当按照国家有关规定向劳动者支付加班费。"

2. 《广东省工资支付条例》第二十二条："经人力资源社会保障部门批准实行综合计算工时工作制的，劳动者在综合计算周期内实际工作时间超过该周期内累计法定工作时间的部分，视为延长工作时间，用人单位应当依照本条例第二十条第（一）项的规定支付工资。在法定休假日安排劳动者工作的，用人单位应当依照本条例第二十条第（三）项的规定支付工资。"

3. 《广东省工资支付条例》第二十条："用人单位安排劳动者加班或者延长工作时间，应当按照下列标准支付劳动者加班或者延长工作时间的工资报酬：（一）工作日安排劳动者延长工作时间的，支付不低于劳动者本人日或者小时正常工作时间工资的百分之一百五十的工资报酬；（二）休息日安排劳动者工作又不能安排补休的，支付不低于劳动者本人日或者小时正常工作时间工资的百分之二百的工资报酬；（三）法定休假日安排劳动者工作的，支付不低于劳动者本人日或者小时正常工作时间工资的百分之三百的工资报酬。"

第三部分：问题剖析

一、李某案例的主体定性问题

李某案例涉及的问题包括加班时间、经济补偿、劳动关系、劳动条件、劳动保护五个方面，但其核心问题不是法律问题，这五个方面的问题都是由非法律的核心问题所引发的。经调查，我们认为李某案例的核心问题应该是员工心理疾病的处置问题，这里包括两方面：一是员工的心理疾病干预，二是对患病员工的劳动关系处置。但是，为了客观分析本案例，我们首先从案例本身涉及的几个法律问题进行研究。

第一，关于李某案例的加班时间问题。

在劳动者对加班进行初步举证后，如用人单位不认可劳动者的主张，须由用人单位对自己的主张进行举证。对于加班情况的举证，最常用也是最有效的证据是考勤记录。本案中，G公司提交了完整的考勤记录以及对应的工资表。根据前述证据看出李某的工资构成有技能、岗位、增岗、工龄、节日补贴、津贴、保健、计件、生活补贴、岗贴、标准化等项目，可以证明G公司指定的工资分配方式顾及到了员工薪酬的细节且发放给李某的工资构成包括计算提成收入。同时，考勤记录并未显示出李某有加班记录，李某所提交的加班记录也不能证明其存在常态的、每天均延长工作时间的加班情形,这就与 G 公司关于李某的部分工作时间即使存在配合其他班组需要在岗时间较长但其工作也有灵活或间断的情况的主张相互印证,并且李某的工资已经包括了提成型工资部分,因此最终法院结合 G 公司的工资分配方式、李某的工作岗位特性和本地的劳动力价格水平等综合因素,认定 G 公司不存在未足额向李某支付报酬的情形。

第二,关于李某案例的补偿金问题。

在本案中,李某以 G 公司存在《中华人民共和国劳动合同法》第三十八条的情形为由主动提起解除劳动合同,并依据第四十六条主张经济补偿金。因此,李某需提出充分证据证明 G 公司存在《中华人民共和国劳动合同法》第三十八条规定的"未按照劳动合同约定提供劳动保护或者劳动条件""未及时足额支付劳动报酬"等情形,否则,依据《中华人民共和国劳动合同法》的规定,在李某主动提出解除劳动合同的情形下,G 公司无须向其支付经济补偿金。

第三,关于李某案例的劳动关系问题。

因李某以其自认的安全标准质疑 G 公司的设备存在安全隐患,其于 2016 年 6 月 29 日向 G 公司提交解除劳动合同通知书,主动要求解除劳动合同。至于李某一直以来所强调并直接导致其提出辞职的安全隐患问题,其在离职前后均持续地向安全监管部门进行反映和投诉,但安全监管部门现场检查复查相关设备之后均出具正式文件确认其符合正常生产经营的条件,只是李某一直不肯接受检测结果,并质疑监管部门的公正性与检测结果的权威性。

但是,G 公司人事劳动管理部门收到解除通知书后,按照相关领导关于员工队伍稳定的要求,并未立即为李某办理离职手续，而是反复做其思想工作，提醒其如果辞职可能会影响正常的收入来源。尽管李某自递交解除通知后就一直未再到岗上班，但是 G 公司一直持续为其正常缴纳社会保险费用。直至 2017 年 4 月李某向仲裁委提出劳动仲裁申请，在案件涉诉期间，G 公司仍然尝试与李某进行调解。在案件的一审判决结果出具后，G 公司方才按照公司内部相关流程为李某办理离职手续。

在案件二审审理过程期间，李某因不接受案件的裁判结果，持续性地前往 G 公司主张所谓的设备安全隐患问题。尽管此时 G 公司与李某的劳动合同关系已经确认解除且李某未再为其提供任何劳动，但 G 公司人事劳动管理部门出于照顾李某特殊情况的考虑，在人事档案未完全移交的情形下，又开始为其缴纳社会保险费用，完全视企业管理规章制度于不顾，机械地执行关于稳定员工队伍的要求，也未充分考虑在前述情形之下被认定李某与 G 公司存在事实劳动关系的潜在风险。

第四，关于员工作业条件和劳动保护的问题。

G 公司作为特殊行业，对安全高度重视，严格贯彻落实国家和行业有关安全生产、劳动保护的政策法规和规章制度，为各生产单位和生产作业现场建立了一整套健全和完善的劳动安全管理体系，实现了劳动安全管理的制度化、规范化和科学化。

本案例中的李某提出存在安全隐患时，G 公司立即启动了安全隐患排除的处置流程，这个处置流程是严格和科学合理的，因此 G 公司不存在明知存在安全隐患还强迫劳动的问题，而李某反复就此提出异议和疑问，其实 G 公司应考虑其存在心理方面的问题。

二、关于李某案例产生的原因分析

李某案例的产生主要由两方面造成：一是李某本身产生了心理疾病，企业没有建立科学的员工帮助计划（Employee Assistance Program，EAP）体系，没能在事情发生之初做好科学干预；二是企业在处理李某主动提出解除劳动合同时操作不规范。

1. 企业忽略了李某的心理疾病。李某对特种设备的安全性多次提出质疑后，企业从安全管理的角度进行处置本身是没有问题的，也符合常规的处置流程，但是车间管理人员和企业的人力资源管理忽略了李某存在心理疾病的情况。遇到这种情况，企业首先要做专业的心理干预，如果心理干预不能奏效，则要启动劳动能力测评，评估李某是否具备承担现有岗位的能力；如果不具备，则需要进行岗位调换，进行相关培训以帮助其适应新的岗位。

专业心理分析：关于诉讼案当事人李某的个性特征分析。

纵观整个诉讼过程，最突出的特征是，案例几乎经历了所有的司法解决程序，从仲裁与一审、二审、再审，同时经历了行政诉讼（李某起诉某社保局）与民事诉讼。一次诉讼尚未终结，下一个诉讼就已开始。前后共发动了两次仲裁和四轮诉讼。交织的诉讼过程可以映射出当事人在诉讼中伴随的心理过程，很大程度上基于当事人的臆断和主观意愿，反映了当事人性格上的突出特征，以及在行为上的对应表现——固执。固执用于一般社会语境中形容个人性格的顽固,心理专业术语叫作偏执。性格上具有偏执特征的人在以下五个方面有独占的特征。

(1) 认知方面。有大量的并非基于事实和一般规则的主观臆断、错误想法及看法或观念、信念,难以被事实或权威的意见或当下正在发生效力的规则所纠正,基本不能进行反思和内省。对于明确的事实,如果与其主观想法不一致时,会采取选择性忽视或直接否定,也可能赋予事情以他自己定义的意义。遇到问题时,很难认识到其中与自己有关的责任。他们对自己认定的事情坚信不疑,甚至不需要证据支持。严重时,可能带有近乎妄想的性质。

(2) 行为方面。基于错误的认知而有对应的不适宜行为,无法因事实或碰壁而得到修正。屡战屡败,屡败屡战,纠缠不休。

(3) 情绪方面。时常情绪低落,易发作情绪和爆发愤怒,有时孤影自怜,少数情况下会出现歇斯底里的状况。

(4) 人际关系方面。对别人基本不信任是核心特质,对别人的言行举止会作出错误的、敌意的或扭曲的理解。人际关系大多是紧张或疏离的。有问题时归责任于他人,将自己的不幸、不顺归因于他人。容易与人发生争执、冲突。如果能够与之发展出信任关系,将能够促使他们增加反思而发生有益的认知改变,产生良性影响。

(5) 自我意识方面。内心存在的强烈自卑反转外化为自以为是,没有依据的过分自信。对自己的经验、观念、看法、判断的真理性、正确性和合理性不能反思,不能客观看待,也不容其他人置疑。

应对策略:无论在管理背景下,还是在一般社会情境/

第二章
劳动合同解除类

人际关系中，与具有偏执特征的人相处需要了解他们的心理特质，采取针对性方法。以工作及管理背景为例说明，首先要区分的是，是否与此类人必然要发生工作或业务上的联系。如果可以不发生联系，那么，保持足够的社交和心理距离是上策；如果一定要有面对面交流的时候，做到以下四点很重要。一是学会倾听。倾听意味着保持一个中立、非评判的态度，把对方意思表示中的信息，准确"翻译"反馈给对方，表示对内容的正确理解。理解是中性的，既不是肯定也不是否定。倾听有利于说者稳定情绪，强化或恢复其理性思维。最主要的意义在于，倾听有助于双方建立信任关系。信任关系对于与他们进行良好合作是非常必要的。二是对他们要多一分尊重。他们的自尊心脆弱，当自尊心受到威胁时，会激起他们大量的非理性思维和行为。三是多沟通。沟通时信息简明清晰，及时获得对方的反馈，及时纠正表达、理解上的误区，不能默认对方全面正确地理解了说者表达的信息。提供正反两方面的信息，由对方思考、判断、选择，作出决定并承担责任。讨论问题就事论事。四是坚持原则。对于不合理、不合法的要求不让步，除个别情况外，一般也不需要提供额外的照顾和优待。

2. 劳动关系经办人不专业。李某主动提出解除劳动合同时，按照常规可以帮助其分析利弊，建议其调换岗位或者进行劳动能力鉴定，通过正常的流程可以转换为非在岗员工。如果企业按规定完成上述步骤后，李某仍坚持解除劳动合同，则企业要按照相关流程依法解除。经调查发现，李某在解除劳动关系过程中出现了多次反复，就是由于企业经办人不专业造成的。

第四部分：管控分析

一、法律方面

用人单位未按照劳动合同约定提供劳动保护或者劳动条件的，劳动者可以解除劳动合同并要求用人单位提供经济补偿。

二、企业方面

1. 应该加强和完善考勤管理制度。对于考勤，应有规范的岗位职责和考勤制度，并严格按照有关制度制作电子或书面的考勤记录。如果是书面的考勤记录，一定要有员工本人的签名予以确认。要注意，在工作中出现临时延长工作时间的情形也需谨慎做好记录，适当安排补休或者支付加班费用，安排补休记录与支付加班费用的记录应与考勤记录一并保存。

2. 在遇到员工主动提出解除劳动合同的情况下，企业要严格按照劳动合同法的规定，履行企业的相关程序，并与工会组织共同做好解除工作。

3. 企业在接收新员工入职时，可以适当引入人格测评等工作，对员工性格等方面存在的问题进行评估，避免员工因人格缺陷而影响履职。

4. 企业在员工遇到相关情况时，可以从心理辅导的层面加大投入，积极开展员工帮助计划，进行积极的心理干预，降低员工出现类似状况的频率。

三、劳动者方面

1. 在签订劳动合同的时候应该仔细阅读合同中的各项约定，尤其对于劳动合同约定的劳动条件与报酬，可以尽量提出完善与细化的要求，提高自己的维权意识。

2. 劳动者在遇到类似心理状况的时候，要主动寻求心理上的帮助，求助相关专业人士，从而获得积极的心理疏导。

第五部分：案例总结

一、问题精要

李某案例涉及的问题包括劳动关系解除问题、支付经济补偿金问题、仲裁时效问题、加班费问题，但其核心问题是上述法律问题之外的员工心理疾病的处置问题。

二、管理精要

加强和完善考勤管理制度。对于考勤，应有规范的岗位职责和考勤制度，并严格按照有关制度制作电子或书面的考勤记录。如果是书面的考勤记录，一定要有员工本人的签名予以确认。

职工未同意调岗，单位以职工未到岗构成旷工为由解除劳动合同被定性为违法解除，劳动合同无法继续履行案

——周某劳动争议案

第一部分：案例详解

案例：周某劳动争议案。

判词：职工未同意调岗，单位以职工未到岗构成旷工为由解除劳动合同被定性为违法解除，劳动合同无法继续履行。

案例详情

一、案由

劳动关系争议。

二、当事人

劳动者：周某，男，汉族。
用人单位：H公司。

三、基本案情

周某于2011年11月9日与H公司签订无固定期限劳动合同，约定工作内容是车务相关工作，工作地点为H公司管辖范围内，H公司根据实际工作需要，可调整周某工作岗位和工作地点。双方约定实行综合计算工时工作制度，2017年1月起周某的岗位工资为4×××元/月。2017年11月8日，H公司人员口头通知周某从设备班调任客运值班员。2017年11月10日，H公司人事科科长口头要求周某去新岗位报到，周某当时答应去报到，但要求在去新岗位之前到设备班进行工作交接，故一直未到新岗位报到。2017年11月24日，H公司向周某发出"限期返回工作岗位通知书"。周某收到上述通知后认为双方未办理交接手续，调岗一事还在协商中，故仍未到新岗位报到。2017年12月7日，H公司向周某邮寄解除合同通知书，认为周某已连续旷工超过15个工作日，故与其解除劳动合同。周某认为H公司违法解除劳动合同，要求继续履行劳动合同，并主张高温津贴、加班费、年休假工资等。

另外，2018年12月，H公司纪委经群众举报调查得知，周某曾于2009年10月9日因故意伤害罪被某人民法院判处有期徒刑二年，缓刑三年。为此，G集团公司（H公司的上级管理单位）纪委作出《关于给予周某开除党籍处分的批复》。

四、裁判结果

(一) 仲裁阶段

1. 仲裁请求。2017 年 12 月 12 日，周某以 H 公司为被申请人向某劳动人事争议仲裁委员会（以下简称"仲裁委"）申请劳动仲裁。仲裁请求如下：①裁决被诉人与申请人继续履行劳动合同；②裁决被诉人支付 2017 年 10 月 6 日至 2017 年 12 月 26 日的医疗费 12××× 元；③裁决被诉人支付 2016 年至 2017 年的高温津贴 6×× 元；④裁决被诉人支付 2016 年 6 月 1 日至 2017 年 9 月 29 日的特殊行业津贴 10×××元；⑤裁决被诉人支付 2016 年 6 月 1 日至 2017 年 9 月 29 日工作日的加班费 28×××元；⑥裁决被诉人支付 2011 年至 2017 年的年休假工资 11×××元；⑦裁决被诉人支付 2016 年至 2017 年的法定节假日加班费 22×× 元。

周某后来当庭撤销了上述第②项和第④项仲裁请求。

2. 仲裁委认定情况。

(1) 关于继续履行劳动合同问题。H 公司和周某签订的劳动合同合法有效，合同当事人应当切实履行。本案中，H 公司在两次口头通知周某从设备班调任客运值班员时，并没有明确到岗日期，周某答应了去新岗位报到，但到新岗位报到之前要求 H 公司安排人员到设备班与其进行工作交接，H 公司一直未为其办理交接手续，而且周某在职期间的岗位调动 H 公司均有向其发书面通知，但本次调动没有向周某发书面通知，故周某认为双方就调整岗位一事还在协商中。综上，H公司与周某解除劳动合同的行为理据不足，属于违法解除劳动合同。但是，劳动合同的履行，只有在劳资双方关系融洽、自愿履行的情况下，才能发挥出最大的效益。在本案中，双方关系已经破裂，并产生了对抗情绪，劳资感情受到极大损害且无修复可能，H公司已明确表态不愿继续履行劳动合同，如果强制双方继续履行劳动合同则不能实现劳动合同履行的效益最大化。鉴于以上情况，仲裁委认为，双方签订的劳动合同已经不能继续履行，对周某的该项仲裁请求不予支持。

（2）关于高温津贴问题。关于2016年6月至2016年10月的高温津贴的请求，因已超过劳动仲裁时效，不予支持。关于2017年6月至2017年10月的高温津贴，周某的工作场所有室内和室外，室外没有降温措施，H公司应向周某支付2017年6月至2017年10月的高温津贴。

（3）关于法定工作日与法定节假日的加班费问题。关于2016年12月前的加班费请求，因已超过劳动仲裁时效，不予支持。关于2016年12月至2017年11月的加班费，周某称在职期间一直满勤，每天24小时均在岗，仲裁委认为其主张的加班时间缺乏合理性，故按照每天8小时的休息时间及2小时的吃饭、生理时间进行扣减，仅支持合理范围内的加班费。

（4）关于年休假工资问题。关于2011年至2015年的年休假工资请求，因已超过劳动仲裁时效，不予支持。关于2016年、2017年的年休假工资，仲裁委认为年休假合计天数为29天，工资基数按每月岗位工资4×××元进行计算，仅支持周某合理范围内的年休假工资。

3. 仲裁裁决。

（1）H 公司在裁决书生效之日起五日内向周某支付 2017 年 6 月至 2017 年 10 月的高温津贴 6×× 元。

（2）H 公司在裁决书生效之日起五日内向周某支付 2016 年 12 月至 2017 年 11 月法定工作日及法定节假日加班费 58××× 元。

（3）H 公司在裁决书生效之日起五日内向周某支付 2016 年、2017 年的年休假工资 10××× 元。

（4）驳回周某的其他仲裁请求。

（二）一审阶段

1. 仲裁裁决后，周某、H 公司均不服，分别向某人民法院（以下简称"法院"）提起诉讼。

2. 一审判决。法院于 2018 年 11 月作出民事判决书，判决如下：

（1）H 公司在本判决发生法律效力之日起五日内向周某支付 2016 年 12 月至 2017 年 11 月法定工作日及法定节假日加班费 58××× 元、2016 年和 2017 年的年休假工资 10××× 元、2017 年 6 月至 2017 年 10 月的高温津贴 6×× 元。

（2）驳回周某、H 公司的其他诉讼请求。

（三）二审阶段

1. 一审判决后，周某不服，向某中级人民法院（以下简称"中院"）提起上诉。

2. 二审判决。中院于 2019 年 6 月作出民事判决书，判决如下：驳回上诉，维持原判。

第二章
劳动合同解除类

第二部分：涉及法律条文及案例对应分析

一、关于劳动关系解除问题

1.《中华人民共和国劳动合同法》第三十五条："用人单位与劳动者协商一致，可以变更劳动合同约定的内容。变更劳动合同，应当采用书面形式。变更后的劳动合同文本由用人单位和劳动者各执一份。"

2.《广东省高级人民法院、广东省劳动人事争议仲裁委员会关于审理劳动人事争议案件若干问题的座谈会纪要》（已于 2021 年 1 月 1 日废止）第 22 条："用人单位调整劳动者工作岗位，同时符合以下情形的，视为用人单位合法行使用工自主权，劳动者以用人单位擅自调整其工作岗位为由要求解除劳动合同并请求用人单位支付经济补偿的，不予支持：（1）调整劳动者工作岗位是用人单位生产经营的需要；（2）调整工作岗位后劳动者的工资水平与原岗位基本相当；（3）不具有侮辱性和惩罚性；（4）无其他违反法律法规的情形。用人单位调整劳动者的工作岗位且不具有上款规定的情形，劳动者超过一年未明确提出异议，后又以《劳动合同法》第三十八条第一款第（一）项规定要求解除劳动合同并请求用人单位支付经济补偿的，不予支持。"

3.《广州市中级人民法院关于审理劳动人事争议案件若干问题的研讨会纪要》第 23 条："《广东省高级人民法院、

广东省劳动人事争议仲裁委员会关于审理劳动人事争议案件若干问题的座谈会纪要》（粤高法〔2012〕284号）第二十二条并不排除《中华人民共和国劳动法》《中华人民共和国劳动合同法》关于变更劳动合同须经协商一致的规定。关于条文中的'生产经营需要'，应当结合具体案情具体分析，一般情况下只要用人单位存在客观上的调整需要，而且不是刻意通过该种方式给劳动者制造障碍或迫使劳动者离职的，都可以认定为生产经营需要。关于工资水平的举证责任，应当由用人单位承担。"

本案中，H公司认为在管辖范围内对周某工作岗位和地点进行调整属于行使用工自主权的体现且周某已同意调岗，但仲裁委和法院均认为双方就调整岗位一事仍在协商中，尚未达成一致，且H公司所提供的证据不足以证明其有权自行调整周某的岗位，故依据上述规定，认定H公司与周某解除劳动合同违法。另外，对于H公司在二审阶段补充提交的证明周某2009年刑事犯罪的证据，因H公司未上诉，中院对该等补充证据未予以认定。

二、关于继续履行劳动合同问题

1. 《中华人民共和国劳动合同法》第四十八条规定："用人单位违反本法规定解除或者终止劳动合同，劳动者要求继续履行劳动合同的，用人单位应当继续履行；劳动者不要求继续履行劳动合同或者劳动合同已经不能继续履行的，用人单位应当依照本法第八十七条规定支付赔偿金。"

2. 《中华人民共和国劳动合同法》第八十七条规定："用人单位违反本法规定解除或者终止劳动合同的，应当依照本法第四十七条规定的经济补偿标准的二倍向劳动者支付赔偿金。"

本案中,仲裁委和法院均认定H公司已构成违法解除,向周某释明在劳动合同不能继续履行的情况下,其可以要求H公司支付赔偿金,但周某仍坚持要求继续履行劳动合同。最后,仲裁委和法院均驳回了周某关于继续履行劳动合同的请求。

三、关于仲裁时效问题

《中华人民共和国劳动争议调解仲裁法》第二十七条:"劳动争议申请仲裁的时效期间为一年。仲裁时效期间从当事人知道或者应当知道其权利被侵害之日起计算。"

根据上述规定,法律只保护仲裁时效期限内的权益。本案中,周某于2017年12月12日才提起劳动仲裁主张其权利,故其2016年12月12日之前的请求不受保护,比如2016年7月至2016年10月的保温津贴、2016年12月之前的加班费、2011年至2015年的年休假工资。

四、关于高温津贴问题

1. 《广东省高温天气劳动保护办法》第十三条:"每年6月至10月期间,劳动者从事露天岗位工作以及用人单位不能采取有效措施将作业场所温度降低到33℃以下的(不含33℃),用人单位应当按月向劳动者发放高温津贴。所需费用在企业成本费用中列支。"

2. 《广东省人力资源和社会保障厅、广东省卫生厅、广东省安全生产监督管理局、广东省国家税务局、广东省地方税务局、广东省总工会关于公布我省高温津贴标准的通知》："为做好高温天气下劳动保护工作，保障劳动者的身体健康和生命安全，根据《广东省高温天气劳动保护办法》（广东省人民政府令第166号）要求，现公布我省高温津贴标准为每人每月150元；如按照规定需按天数折算高温津贴的，每人每天6.9元。"①

本案中，周某的工作场所包括室内和室外，室外没有降温措施且H公司未支付高温津贴，故仲裁委和法院支持了周某关于补发法定标准范围内的高温津贴的请求。

五、关于加班费问题

1. 《中华人民共和国劳动合同法》第三十一条："用人单位应当严格执行劳动定额标准，不得强迫或者变相强迫劳动者加班。用人单位安排加班的，应当按照国家有关规定向劳动者支付加班费。"

2. 《广东省工资支付条例》第二十二条："经人力资源社会保障部门批准实行综合计算工时工作制的，劳动者在综合计算周期内实际工作时间超过该周期内累计法定工作时间的部分，视为延长工作时间，用人单位应当依照本条例第二

---

① 自2021年6月1日起广东省施行新的高温津贴标准，《广东省人力资源和社会保障厅、广东省卫生健康委、广东省应急管理厅、国家税务总局广东省税务局、广东省总工会关于调整我省高温津贴标准的通知》规定："为做好高温天气下劳动保护工作，保障劳动者的身体健康和生命安全，根据《广东省高温天气劳动保护办法》（广东省人民政府令第166号）要求，现调整我省高温津贴标准为每人每月300元；如按照规定需按天数折算高温津贴的，每人每天13.8元。"

十条第（一）项的规定支付工资。在法定休假日安排劳动者工作的，用人单位应当依照本条例第二十条第（三）项的规定支付工资。"

3.《广东省工资支付条例》第二十条："用人单位安排劳动者加班或者延长工作时间，应当按照下列标准支付劳动者加班或者延长工作时间的工资报酬：（一）工作日安排劳动者延长工作时间的，支付不低于劳动者本人日或者小时正常工作时间工资的百分之一百五十的工资报酬；（二）休息日安排劳动者工作又不能安排补休的，支付不低于劳动者本人日或者小时正常工作时间工资的百分之二百的工资报酬；（三）法定休假日安排劳动者工作的，支付不低于劳动者本人日或者小时正常工作时间工资的百分之三百的工资报酬。"

本案中，H公司所提供的2016年12月至2017年8月的考勤表没有周某的签名，2017年9月至2017年11月的考勤表虽有签名，但经鉴定，2017年9月、10月的考勤表并非周某本人签名，故仲裁委和法院仅对H公司提交的2017年11月的考勤表予以确认，其余的均不予确认。H公司对周某的考勤情况自行承担举证不能的不利后果。但周某主张其每天24小时均在岗亦不合理，故仲裁委和法院酌情认定在扣除每天8小时的休息时间及2小时的吃饭、生理时间（合计10小时）后，对周某2016年12月至2017年11月期间法定工作日与法定节假日的加班时间统计如下：法定工作日1500小时（6000小时－250天×10小时－250天×8小时）、法定节假日154小时（264小时－11天×10小时）。另外，仲裁委、法院按照4×××元/月的岗位工资为标准计算上述时间的加班费。

六、关于年休假工资问题

《职工带薪年休假条例》第三条:"职工累计工作已满1年不满10年的,年休假5天;已满10年不满20年的,年休假10天;已满20年的,年休假15天。国家法定休假日、休息日不计入年休假的假期。"

本案中,仲裁委和法院根据上述规定,结合周某的累计工作时间,确认周某2016年、2017年均可以享受15天的年休假。但周某2017年的工作时间应计算至2017年12月9日为344天,故2017年应休未休年休假天数折算为14天,加上2016年的15天,合计为29天。另外,仲裁委和法院按照4×××元/月的岗位工资为标准计算上述时间的年休假工资。

第三部分:问题剖析

一、周某案例的主体定性问题

周某案例涉及的问题包括调岗规范性问题、劳动合同无效的问题、加班时间问题、赔偿金问题四个方面,其核心问题是调岗规范性问题,因为这是产生其他问题的根源。

1. 关于调岗规范性问题。判决认为本案违法解除劳动合同的主要原因是H公司对周某调岗未采取书面方式通知且未取得周某的同意。根据生效判决来看,法院不认可H公司调整周某的工作岗位和地点属于合法行使用工自主权,实际认定为劳动合同变更,从而要求H公司以书面形式与周某达成一致意见,否则,视为违法解除劳动合同。从本案及司法实践来看,我国劳动法规对用人单位合法行使用工自主权的举证责任非常严苛,偏向于保护劳动者权益。

2.关于劳动合同无效问题。H公司在二审阶段提交周某刑事犯罪及处罚的有关文件,主张其于2018年12月经群众举报得知周某曾于2009年10月9日经某法院判决犯故意伤害罪,判处有期徒刑二年,缓刑三年。G集团公司纪委2018年12月27日批复H公司纪委,同意给予周某开除党籍处分。H公司认为周某隐瞒刑事犯罪事实,属于以欺诈手段使其违背真实意思的情况下订立劳动合同,双方于2011年11月19日签订的劳动合同应属无效。因H公司在本案中未上诉,故中院未对上述证据予以认定。但是,根据一审法院在(2020)××民初118××号、122××号民事判决书中认定:虽然周某曾于2009年10月9日经判决犯故意伤害罪,但其是被判决缓刑,并未有证据显示H公司在与周某签订劳动合同时曾要求周某自行申报该信息,而H公司自身未尽审查义务,其主张周某故意隐瞒该事实没有依据,就其主张双方之间签订的劳动合同属于无效,法院不予采纳。此外,H公司已于2017年12月7日向周某发出解除劳动合同的通知书,其违法解除劳动合同的行为已发生,其就此后发现周某曾被判决犯故意伤害罪一事,并不能对抗其已作出的解除劳动合同的行为。

此案涉及劳动者的入职审查问题,建议企业在员工入职时要求其如实填写入职登记表,包括教育程度、工作履历、是否有刑事犯罪等,并在员工手册或劳动合同中明确:如发现所填写的入职信息与其实际情况不符，致使企业在违背真实意思的情况下与其订立或者变更合同的，视为严重违纪行为，企业有权解除劳动合同。

3. 周某案的加班时间问题。在劳动者对加班进行初步举证后，如用人单位不认可劳动者的主张，须由用人单位对自己的主张进行举证。对于加班情况的举证，最常用也是最有效的证据是考勤记录。本案中，H公司的考勤记录存在记录不准确、未经周某本人签名确认等瑕疵，从而承担了举证不利的法律后果。为此，建议企业规范和完善考勤制度，以避免举证不利的后果。

4. 周某案的赔偿金问题。虽然本案中周某的诉请是继续履行劳动合同而非主张违法解除劳动合同赔偿金，但在法院认定违法解除劳动合同且未支持周某继续履行劳动合同的诉请后，周某肯定会通过另案主张违法解除劳动合同赔偿金。事实上，周某已就主张违法解除劳动合同赔偿金提起劳动仲裁，并对仲裁结果提起诉讼，仲裁委和法院均支持了周某关于违法解除劳动合同赔偿金的请求。

第四部分：管控分析

一、法律方面

如需要对劳动者进行调岗的，应将书面通知送达其本人，并取得劳动者的书面同意回执。

二、企业方面

1. 规范调岗流程。我们将企业调岗流程进行了梳理，形成了四个规范的步骤：①沟通充分；②以书面形式确认并签收；③将调岗时间进度表（纸质）交给该员工并签收；④人力资源部门做好员工在新岗位上班后的情况反馈及评估。

2. 完善劳动关系书面资料。一是企业应在签订劳动合同时，明确"管辖范围内"的具体范围，以利于用人单位对合法行使用工自主权进行举证。二是完善调岗通知书的内容。在调岗通知书中明确调岗原因和岗位名称（以证明是基于生产经营所需）、岗位待遇（以证明工资水平与原岗位相当）、到岗报到的时间；在调岗通知书中附上劳动者确认同意内容的回执。

3. 发挥工会的作用。在员工调岗时，由工会负责与员工进行充分沟通，如果员工有抵触情绪或违规行为（如未按期返岗）时，由工会负责做其思想工作，及时纠正违规行为等。另外，企业决定与员工解除劳动合同，执行《中华人民共和国劳动合同法》第四十三条规定："用人单位单方解除劳动合同，应当事先将理由通知工会。用人单位违反法律、行政法规规定或者劳动合同约定的，工会有权要求用人单位纠正。用人单位应当研究工会的意见，并将处理结果书面通知工会。"

4. 加强和完善入职审查制度。对于员工的入职情况，人力资源部门应予以严格审查，避免出现劳动者有刑事犯罪等不良记录而未发现的情形。企业在员工入职时要求其如实填写入职登记表，包括教育程度、工作履历、是否有刑事犯罪等，并在员工手册或劳动合同中明确：如发现所填写的入职信息与实际情况不符，致使企业在违背真实意思的情况下与其订立或者变更合同的，视为严重违纪行为，企业有权解除劳动合同。

5. 加强考勤管理。对于考勤，应有规范的岗位职责和考勤制度，并严格按照有关制度制作电子或书面的考勤记录，如果是书面的考勤记录，一定要由员工本人签名确定。

三、劳动者方面

劳动者在签订劳动合同的时候应该仔细阅读合同中的各项约定，对于企业调岗和解除劳动合同的行为，应该及时与企业进行沟通协调，无法协调一致时再提出仲裁请求，提高自己的维权意识。

第五部分：案例总结

一、问题精要

周某案例涉及的问题包括调岗规范性问题、劳动合同无效的问题、加班时间问题、赔偿金问题等，其中的核心问题是调岗规范性问题，因为这是产生其他问题的根源。

二、管理精要

如需要对劳动者进行调岗的，应将书面通知送达其本人,并取得劳动者的书面同意回执。

第六部分:其他

《中华人民共和国劳动法》对劳动关系做了明确界定,是指劳动者与所在单位之间在劳动过程中发生的关系。劳动关系以协调为理想状态,以双赢为努力目标。调节劳动关系,存在两类机制:一是外部机制即法律层面,包括调解、仲裁、诉讼和监察等,包含双方当事人和第三方政府有关部门;二是内部机制协调层面,主要是劳动者、工会、企业之间的互动、沟通、谈判和协商等。

劳动关系有两类主要理论:一类是博弈论视角下的劳动关系。博弈论有两个基本假设,一是经济人假设,强调主体最大化自己的目标与利益;二是个体理性,强调的是有限理性。博弈论涉及四个基本要素:博弈方、博弈规则、行动策略和支付函数。另一类是社会交换理论,将劳动关系分为工作关系和情感关系,着眼于互惠、沟通、价值观、承诺、信任、满足等方面。

本案是比较典型的劳动关系冲突,有以下两点值得分析。第一点,博弈论的观点认为,劳动关系和谐或冲突都是博弈的结果。在单次博弈中双方都倾向于采取进攻型行为,但在重复博弈中,进攻型行为只能导致两败俱伤。本案反复进入司法解决程序就是明证。因此，谈判与合作将会是重复博弈情况下双方的必然选择。有关部门可以建立相关制度和机制，促使双方共同接受通过谈判解决冲突的模式。第二点，最近有研究认为，劳动关系中包含了外显的工作关系和内隐的情感关系，其中起着非常重要作用的情感关系并没有得到足够重视。工作关系包含工资分配、工会力量、企业经营绩效、组织保障、组织保护五种成分。情感关系又包含了工作情境和工作责任感。工作情境反映的是员工对组织提供的自主、参与、尊重、沟通、反馈、培训与发展等内容的看法，工作责任感反映的是员工对作为组织成员的基本责任感的看法。研究认为，培养组织与员工间的情感关系是企业构建和谐劳动关系的有效途径。情感关系属于心理因素，对员工的工作态度和行为具有相当重要的影响。本案的仲裁过程中，影响仲裁结果的一个因素，就是确认"双方关系已经破裂，并产生了对抗情绪，劳资感情受到极大损害且无修复可能，一方已明确表态不愿继续履行劳动合同，如果强制双方继续履行劳动合同则不能实现劳动合同履行的效益最大化"，成为"情感关系"影响劳动关系的一个佐证。从本案中可以领悟，现代企业劳动关系管理需要突破传统观点，将视线从劳动合同、工作条件、社会保障等外显性因素适当转向内隐性的心理因素。

关于构建和谐劳动关系，有以下四点思考。一是加强企业管理人员与员工的沟通与交流。沟通首先要做的是换位思考，双方在达成理解和认同的基础上解决冲突。二是完善劳

第二章 劳动合同解除类

动关系信息的预警机制。通过各种渠道动态掌握影响劳动关系的情况。三是探索建立新型的工会组织。新型工会组织应该具有协调功能、监督功能、维权功能、教育功能和培训功能等。四是引入并实施员工帮助计划强化员工与企业的情感关系。

对被追究刑事责任的职工未及时解除劳动关系，事后解除被定性为违法解除案

——吴某劳动争议案

第一部分：案例详解

案例：吴某劳动争议案。
判词：单位对被追究刑事责任的职工当时未解除劳动关系，事后解除被定性为违法解除。

案例详情

一、案由

解除劳动关系争议。

二、当事人

劳动者：吴某，男，汉族。
用人单位：H公司（劳务派遣单位）。
用工单位：K公司。

三、基本案情

吴某主张，其于1999年2月入职K公司，职务为厨师。2005年7月，双方劳动合同到期后，K公司在未与吴某解除或者终止劳动关系并向其支付经济补偿金的情况下，先后通过R公司、N公司、H公司与吴某签订劳动合同，以劳务派遣的方式进行用工。自1999年2月起至2018年9月11日H公司与吴某解除劳动合同之日止，吴某一直在K公司的厨师岗位工作。

吴某与H公司自2014年1月1日起建立劳动关系，由H公司作为用人单位劳务派遣其到K公司工作。根据吴某与H公司签订的劳动合同，H公司继承吴某在N公司派遣期间的工作年限，但吴某无此工作年限则无此约定。2015年1月19日，某人民法院判决吴某犯危险驾驶罪，判处拘役二个月，缓刑三个月，并处罚金5000元。H公司当时未与吴某解除劳动合同，并与吴某续订了劳动合同。H公司与吴某的最后一份劳动合同约定工作期限为2018年1月1日至2019年12月31日。2018年9月28日，H公司以吴某因被公安机关行政拘留而被用工单位退回为由，通知其自2018年9月11日解除双方的劳动关系。

四、裁判结果

(一) 仲裁阶段

1. 仲裁请求。2019年4月2日，吴某以H公司和K公司为被申请人向某劳动人事争议仲裁委员会（以下简称"仲裁委"）申请劳动仲裁。仲裁请求如下：①请求两被申请人与申请人继续履行劳动合同；②如两被申请人不同意继续履行劳动合同，请求裁决两被申请人连带向申请人支付违法解除劳动合同赔偿金14××××元。

2. 仲裁委认定情况。

(1) 关于工作年限问题。①根据申请人吴某提交的社会保险参保证明，1999年5月至2005年7月期间由K公司为其参保，2005年8月至2007年12月期间由R公司为其参保，2008年1月至2014年4月期间由N公司为其参保，2014年5月至2018年9月期间由H公司为其参保；②根据吴某提交的劳动合同显示，其与H公司自2014年1月1日起签订劳动合同，劳务派遣至K公司工作；③吴某提交的H公司解除劳动合同通知书显示，吴某与H公司的劳动合同解除时间为2018年9月11日。综上，仲裁委认定，吴某与N公司的劳动关系自2008年1月建立，与H公司的劳动关系自2014年5月1日起建立，至2018年9月11日终结。同时，鉴于吴某与H公司的劳动合同约定由H公司承继吴某在N公司期间的工龄，故吴某在N公司及H公司的累计工作年限自2008年1月起计算至2018年9月11日止，合计10年9个月。

（2）关于工资标准问题。根据《广东省工资支付条例》第四十八条规定，因工资支付发生争议的，用人单位负有举证责任。因被申请人 H 公司未有举证证明吴某月工资标准，仲裁委采纳吴某的主张，认定吴某月工资为 4×××元。

（3）关于解除劳动关系问题。①根据申请人吴某提交的 H 公司解除劳动合同通知书，H 公司通知吴某从 2018 年 9 月 11 日起解除劳动关系的理由是："因吴某被公安机关行政拘留而被用工单位（K 公司）退回。"②根据被申请人 K 公司提交的吴某于 2017 年 12 月 31 日签署的岗位守则，K 公司将劳务派遣工吴某退回 H 公司的理由是吴某依法被追究刑事责任，退回劳务输出单位。③根据 H 公司提交的刑事判决书，某人民法院于 2015 年 1 月 19 日已对吴某的违法行为作出刑事判决书，追究刑事责任。④综上所述，某人民法院于 2015 年 1 月 19 日已对吴某的违法行为作出刑事判决书，吴某签署 K 公司岗位守则的日期为 2017 年 12 月 13 日，该岗位守则应自该日起才对吴某产生约束力，而 K 公司在 2018 年才依据后产生约束力的岗位守则对吴某此前已发生并被追究刑事责任的行为进行规范和追究，因此仲裁委认定 K 公司将申请人退回 H 公司的行为属违法退回，H 公司据此解除与吴某劳动关系，属违法解除劳动关系。

（4）关于继续履行劳动合同问题。鉴于两被申请人均不同意与申请人恢复履行劳动合同，仲裁委认为申请人与 H 公司签订劳动合同已无恢复履行的可能及必要，因此对于申请人要求继续履行劳动合同的申请不予支持。

3. 仲裁裁决。

（1）本裁决书生效之日起三日内，H 公司一次性支付吴某违法解除劳动关系赔偿金1×××××元，K公司承担连带责任。

（2）驳回申请人的其他仲裁请求。

（二）一审阶段

1. 仲裁裁决后，吴某、H公司、K公司均不服，分别向某人民法院（以下简称"法院"）提起诉讼。

2. 一审判决。法院于2019年10月作出民事判决书，判决如下：

（1）在本判决发生法律效力之日起五日内，H公司应一次性向吴某支付违法解除劳动关系的经济赔偿金1×××××元，K公司对此承担连带赔偿责任。

（2）驳回吴某的其他诉讼请求。

（三）二审阶段

1. 一审判决后，吴某、H公司、K公司均不服，分别向某中级人民法院（以下简称"中院"）提起上诉。

2. 二审判决。中院于2020年6月作出民事判决书，判决如下：驳回上诉，维持原判。

第二部分：涉及法律条文及案例对应分析

一、关于工作年限问题

《中华人民共和国民事诉讼法》第六十四条规定："当

事人对自己提出的主张，有责任提供证据。"

本案中，吴某主张 20 年工作年限，但未能提供 2008 年 1 月以前与 R 公司、N 公司之间存在劳动关系的证据，因此，H 公司无须承继吴某 2007 年 12 月以前的工作年限，按照现有证据计算为 10 年 9 个月的工作年限。

二、关于工资标准问题

《广东省工资支付条例》第四十八条规定："因工资支付发生争议，用人单位负有举证责任。用人单位拒绝提供或者在规定时间内不能提供有关工资支付凭证等证据材料的，人力资源社会保障部门、劳动人事争议仲裁委员会或者人民法院可以按照劳动者提供的工资数额及其他有关证据作出认定。"

本案中，H 公司未提供证据证明吴某月工资标准，因此仲裁院及法院均采纳吴某的主张，认定其月工资标准为 4×××元。

三、关于解除劳动关系问题

1. 《中华人民共和国劳动合同法》第六十五条规定："被派遣劳动者可以依照本法第三十六条、第三十八条的规定与劳务派遣单位解除劳动合同。被派遣劳动者有本法第三十九条和第四十条第一项、第二项规定情形的，用工单位可以将劳动者退回劳务派遣单位，劳务派遣单位依照本法有关规定，可以与劳动者解除劳动合同。"

2. 《中华人民共和国劳动合同法》第三十九条规定："劳动者有下列情形之一的，用人单位可以解除劳动合同：

（一）在试用期间被证明不符合录用条件的；（二）严重违反用人单位的规章制度的；（三）严重失职，营私舞弊，给用人单位造成重大损害的；（四）劳动者同时与其他用人单位建立劳动关系，对完成本单位的工作任务造成严重影响，或者经用人单位提出，拒不改正的；（五）因本法第二十六条第一款第一项规定的情形致使劳动合同无效的；（六）被依法追究刑事责任的。"

依据上述两条规定，本案中吴某在2015年即因危险驾驶罪被追究刑事责任，K公司作为用工单位，可以将其退回劳务派遣单位H公司，同时，H公司可以解除与吴某的劳动合同。

但是，K公司当时已知悉该情况，却没有将吴某退回H公司处理，反而是在2018年声称吴某违反了2017年签署的岗位守则，以吴某2015年存在违法犯罪事实为由将其退回，没有事实和法律依据，属于违法退回。同时，H公司据此解除与吴某的劳动合同属于违法解除。

3.《中华人民共和国劳动合同法》第四十八条规定："用人单位违反本法规定解除或者终止劳动合同，劳动者要求继续履行劳动合同的，用人单位应当继续履行；劳动者不要求继续履行劳动合同或者劳动合同已经不能继续履行的，用人单位应当依照本法第八十七条规定支付赔偿金。"

4.《中华人民共和国劳动合同法》第八十七条规定："用人单位违反本法规定解除或者终止劳动合同的，应当依照本法第四十七条规定的经济补偿标准的二倍向劳动者支付赔偿金。"

依据上述第3、第4项的两条规定，本案中H公司违法解除劳动合同，应向吴某支付两倍的赔偿金。

5.《中华人民共和国劳动合同法》第九十二条第二款规定："劳务派遣单位、用工单位违反本法有关劳务派遣规定的，由劳动行政部门责令限期改正；逾期不改正的，以每人五千元以上一万元以下的标准处以罚款，对劳务派遣单位，吊销其劳务派遣业务经营许可证。用工单位给被派遣劳动者造成损害的，劳务派遣单位与用工单位承担连带赔偿责任。"

依据该规定，本案中K公司应与H公司承担连带赔偿责任。

四、关于赔偿金问题

《中华人民共和国劳动合同法》第四十七条规定："经济补偿按劳动者在本单位工作的年限，每满一年支付一个月工资的标准向劳动者支付。六个月以上不满一年的，按一年计算；不满六个月的，向劳动者支付半个月工资的经济补偿。"

依据上述规定，本案中吴某在H公司的累计工作年限为10年9个月，经济补偿计算为11个月，同时已知吴某离职前月工资标准4×××元，因此，H公司应向吴某支付两倍赔偿金为4×××元×11个月×2倍＝1×××××元，K公司与H公司承担连带赔偿责任。

第三部分：问题剖析

一、吴某案例的主体定性问题

吴某案例涉及的问题包括劳动关系确认问题、工作年限问题、工资标准问题、解除劳动关系问题、赔偿金问题五个方面，其核心问题是劳动关系解除的问题。

二、吴某案例违法解除问题的原因分析

劳动者被追究刑事责任后，用工单位知晓后未将其退回，事后依据后产生约束力的岗位守则予以退回是否合法？

对此，我们要进行详细分析，这也是我们做案例分析的出发点。到底是什么造成了这个问题？是劳动者的原因，还是用人单位的原因？是流程问题，还是日常管理方面出现了问题？这里的分析仅代表研究者个人的判断，仅用于研究和交流，以及为企业规范管理提供决策的思路。

1. 吴某案例违法解除劳动合同的真实原因。这个案例的起因是吴某所在用工单位 K 公司上级 G 集团公司公布的《关于专项自查整改工作的通知》（G 电〔2018〕×号）及《关于规范违法违纪受处分职工管理的通知》（×函〔2018〕×号），其中要求对党的十八大以来是否存在对违纪违法人员处理不到位的情况进行自查并整改。这里就有必要提一下吴某用工单位的企业性质，吴某的用工单位 K 公司是一家超

大型国有企业，国有企业一般由企业主动解除劳动合同的情况较少，主要原因有几个方面。①鉴于国有企业的企业属性，企业领导者在员工队伍稳定、和谐管理、信访等方面有不同的考虑，涉及员工劳动关系解除方面相对比较复杂，流程较为烦琐，且涉及复杂的人际关系，这种情况下领导人一般不想把矛盾尖锐化。②国有企业鉴于编制问题，员工补充渠道相对固定，晋升通道也相对稳定，造成补员困难的现状。③本案所涉及的吴某虽然属于劳务派遣工，并不是国有企业职工，但在国有企业的组织文化下，虽然其因刑事处罚符合企业主动解除用工关系的要件，但企业一般也不会主动通过劳务派遣公司将其退回。而本次将吴某退回给 H 公司的操作也完全是基于上级压力，在明显存在较大违约风险的情况下，将吴某退回 H 公司。

2. 企业滞后操作造成违法解除。根据 H 公司提交的刑事判决书，某人民法院于 2015 年 1 月 19 日已对吴某的违法行为作出刑事判决书，追究其刑事责任。H 公司和 K 公司在知情的情况下没有立即作出反应，在事情过去了三年之后才在上级的要求下作出退回及解除劳动合同的决定。这里就涉及"解除权"的问题。法律上普遍认为"解除权"属于形成权，适用于除斥期间。《中华人民共和国民法典》第一百九十九条规定："法律规定或者当事人约定的撤销权、解除权等权利的存续期间，除法律另有规定外，自权利人知道或者应当知道权利产生之日起计算，不适用有关诉讼时效中止、中断和延长的规定。存续期间届满，撤销权、解除权等权利消灭。"《中华人民共和国劳动合同法》目前对解除权并没有明确规定，劳动者被追究刑事责任，用人单位没有在合理期限内行使解除权，解除权消灭。本案例中吴某被追究刑事责任后，用人单位继续与其履行劳动合同近三年，足以使吴某对 H 公司、K 公司不再行使解除权产生信赖，H 公司、K 公司再以此为由要求解除劳动合同，明显违背了诚实信用原则，亦与我国劳动合同法"保护劳动者的合法权益，构建和发展和谐稳定的劳动关系"这一立法目的相悖，以致构成违法解除。

与吴某滞后解除劳动合同类似的案例在企业内部发生了多次。那么，这种事后操作或者滞期操作到底有没有实际意义？给企业造成了什么样的损失？从法律角度讲，企业虽然是独立的法人实体，但并没有独立决策权，单纯执行行业某些明显不合理的政策有没有必要？从实际来看，其实后期很多员工强制被解除劳动合同是被制止的。

3. 吴某滞后解除劳动合同对企业的意义。好的方面：有利于进一步落实劳动用工规范管理，对职工起到正面的引导和宣传作用；同时能对企业存在的不规范操作起到警示作用，企业在员工达到依法解除的条件下，不依法合规地进行操作，去维护企业的合法权益，这从根本上讲就是对企业合法权利的主动放弃。不好的方面：企业迫于上级的压力，在明知道存在较大法律风险和会遭受巨大经济损失的情况下仍采取滞后性操作，让企业陷入被动局面，造成了不必要的经济损失。

因此，企业在管理制度的制定和某项涉及劳动关系的重大决策的选择上，还是存在较大商榷空间的。解除劳动关系并不能给企业带来实质性的收益，反而造成了实质性的经济损失。如果能够采取"老人老办法，新人新办法"，或者在法律允许的时效内进行决策,或许可以避免上述问题的产生。

三、法律法规未竟之事宜

吴某工龄的确认存在瑕疵。《最高人民法院关于审理劳动争议案件适用法律若干问题的解释(四)》第五条规定:"劳动者非因本人原因从原用人单位被安排到新用人单位工作,原用人单位未支付经济补偿,劳动者依照劳动合同法第三十八条规定与新用人单位解除劳动合同,或者新用人单位向劳动者提出解除、终止劳动合同,在计算支付经济补偿或赔偿金的工作年限时,劳动者请求把在原用人单位的工作年限合并为新用人单位年限的,人民法院应给予支持。"吴某主张其被 K 公司以串通、逆向劳务派遣的方式安排到多个新单位,企业工龄应从 1999 年 2 月开始计算,截至 2018 年 9 月,超过 20 年。但是,法律上存在"谁主张谁举证"的规则,虽然吴某提供了其 2005 年 7 月至 2007 年 12 月 R 公司为其参保的证明,但此证明不能直接证明两者产生了劳动关系。在实践中社保缴费证明记录可作为一种证明劳动关系存在的证据,但不是充分证据。在现实案例中,法院或仲裁院都可能会遇到挂靠社保而形成的"劳动关系",最终还得审查是否存在实际的用工行为。由于吴某无法提供与 R 公司、K 公司之间存在劳动关系的证据,因此其在 R 公司、K 公司的工龄未能承继下来。

第四部分：管控分析

一、法律方面

劳动者被追究刑事责任的，用工单位应根据当时的用工制度或合约规定予以处置。在作出处置后，用工单位不能依据后产生约束力的文件对此前已发生的行为进行规范和追究。

二、公司方面

应该加强对劳务派遣人员的管理，当违反公司规章制度的行为出现时，应该对事件发生的时间进行准确的判断，不要以不合理的理由退回劳动者。对于员工的工资情况和工龄情况，人力资源部门应该准确把握这些信息，完善工资制定标准，规范员工行为。在与员工发生劳动争议的时候，应该第一时间与劳动者沟通协调，发现问题并及时处理，尽量减少在劳动争议方面所耗的成本。在具体操作过程中，一是劳务派遣工违反协议条款时要果断退回，只要达到了协议约定中的符合退回条件的情况，一律进行退回；二是退回流程必须是由签订劳务派遣协议的主体单位协商退回，而不是通过分支机构与派遣公司协商退回，并且用工主体和劳务派遣单位要建立信息沟通机制，及时将相关情况进行通报，并做好相应财务成本支出的核算。

三、劳动者方面

劳动者在签订劳动合同的时候应该仔细阅读合同中的各项约定，对于公司违法解除劳动关系的行为应该先与公司进行沟通调解，必要时提出仲裁请求，提高自己的维权意识。

第五部分：案例总结

一、问题精要

吴某案例涉及的问题包括劳动关系确认问题、工作年限问题、工资标准问题、解除劳动关系问题、赔偿金问题五个方面，其中的核心问题是劳动关系解除的问题。

二、管理精要

劳动者被追究刑事责任的，用工单位应根据当时的用工制度或合约规定予以处置。在作出处置后，用工单位不能依据后产生约束力的文件对此前已发生的行为进行追溯。

第三章

薪酬福利待遇类

第三章 薪酬福利待遇类

劳务派遣工要求同工同酬案

——郑某劳动争议案

第一部分：案例详解

案例：郑某劳动争议案。

判词：劳务派遣单位员工的劳动报酬应按照与用人单位的劳动合同确定，其要求与用工单位同类岗位员工同工同酬的诉求不被支持。

案例详情

一、案由

追索劳动报酬、经济补偿金劳动争议纠纷。

二、当事人

劳动者：郑某，女，汉族。
用人单位：H公司（劳务派遣单位）。
用工单位：G公司。

三、基本案情

郑某主张，其于 2009 年 9 月与 H 公司签订劳动合同，书面约定：根据劳务派遣协议，H 公司派遣郑某到 G 公司担任客运相关岗位工作，劳动报酬执行用工单位的工资分配制度。但在工作期间，G 公司未按照同工同酬的原则，对郑某与本单位同类岗位的正式工（即直接与 G 公司签订劳动合同的员工）实行相同的劳动报酬分配办法，导致郑某实际获得的劳动报酬远低于正式工，差额约 2500 元/月。郑某于 2013 年 9 月劳动合同期限届满与 H 公司终止劳动合同关系并办理了工作交接等离职手续。

郑某认为，在相同或类似工作岗位上以相同的劳动报酬分配办法实行同工同酬，是现行《中华人民共和国劳动合同法》所确定的基本原则，也是对劳动关系的基本要求与前提保障，更是劳动者尊严的体现。H 公司和 G 公司违反劳动合同法规定造成其损失，依法应当承担赔偿责任。

四、裁判结果

（一）仲裁阶段

1. 仲裁请求。郑某以 H 公司和 G 公司违反《中华人民共和国劳动合同法》有关同工同酬的规定造成劳动报酬、经济补偿损失等为由，于 2014 年 1 月 7 日向某劳动人事争议仲裁委员会（以下简称"仲裁委"）申请劳动仲裁。

2. 仲裁委认定情况。

仲裁委认定，依据《劳动人事争议仲裁办案规则》第二条的规定，郑某的申请不属于仲裁委的受理范围。

3. 仲裁裁决。

仲裁委于2014年1月14日作出不予受理决定。

(二) 一审阶段

1. 收到仲裁委不予受理通知书后，郑某不服，向某人民法院（以下简称"法院"）提起诉讼，请求法院判令：① H公司和G公司连带向郑某支付2009年9月至2013年9月同工不同酬的劳动报酬损失1××××元；② H公司和G公司连带向郑某支付经济补偿金差额2×××元。

2. 一审法院认定。

(1) 郑某和H公司、G公司三者之间的关系。依据郑某与H公司签订的劳动合同书以及H公司与G公司签订的劳务派遣协议，确认郑某与H公司自2003年6月起至2013年9月止存在劳动合同关系，H公司是郑某的用人单位，H公司于2009年9月起将郑某派遣到G公司从事客运相关岗位工作，G公司是郑某的用工单位。三者之间是劳务派遣关系。

(2) 关于双方争议的工资发放是否违反同工同酬原则问题。郑某主张同岗位的劳务派遣工和正式工（即直接与G公司签订劳动合同的员工）每月工资差额是2×××元，同工不同酬，并提供以下证据证明：①工作证显示其职位为客运员。②G公司的《工资分配管理办法》中规定："基本工资分别按在岗职工、劳务派遣工基本薪酬实际水平支付。职工基本工资包括岗位工资……以及各项政策性津补贴等。劳务派遣工基本工资实行包干制，具体标准按当年公司工资预算标准执行。"该办法反映了G公司对劳务派遣工和正式工实行不同的劳动报酬分配办法。③郑某2013年6月的工资条和同为客运员的正式工黄某2013年6月的工资条。黄某的基本工资比郑某高，且工资构成中含有书籍补贴、历史补贴，说明二者的工资发放标准不同，存在同工不同酬现象。

H公司和G公司确认证据的真实性，但认为郑某与参照对象缺乏可比性。①郑某和黄某二人存在个体差异，郑某为中专学历，黄某为大专学历，且所学专业与工作对口，故享有书籍补贴。至于历史补贴则是执行历史以来的国家政策发给国有企业员工的，并不适用于劳务派遣工。②郑某和黄某的岗位并不相同，根据黄某与G公司签订的劳动合同书，黄某的工作岗位是从事车务相关工作，除了客运相关，还可以做车务等工作。因此，郑某和G公司自行聘请的员工因用工渠道、工作岗位、个体素质条件等情况不同而在劳动报酬方面存在差异，并不违反同工同酬的原则。

法院认定：①用人单位具有工资分配自主权。根据《中华人民共和国劳动法》第四十七条规定："用人单位根据本单位的生产经营特点和经济效益，依法自主确定本单位的工资分配方式和工资水平。"因此，在不违反有关法律法规的前提下，用人单位和用工单位有权根据各自的实际情况制定对本单位劳动者的工资发放标准，自主安排员工福利待遇。本案中G公司规定对本单位劳动者发放书籍补贴等，不违反同工同酬原则。②同工同酬的适用情形分析。《中华人民共和国劳动法》第四十六条规定："工资分配应当遵循按劳分配原则，实行同工同酬。"而本案中郑某无法提供初步证据比对其与被参照的案外人在岗位、工作内容等方面完全或基本一致，无法证明二者之间符合"同工"的情况。③郑某离职前 12 个月的平均工资与其提供的比对参照对象黄某所获得的劳动报酬差额不大，并不存在明显的分配不公的情况。因此，综上所述，G 公司发给郑某的工资并不违反同工同酬原则。

3. 一审法院判决。法院于 2014 年 4 月作出民事判决书，判决如下：驳回原告郑某的全部诉讼请求。

（三）二审阶段

1. 一审判决后，郑某不服，向某中级人民法院（以下简称"中院"）提起上诉。

2. 二审判决。中院于 2014 年 9 月作出民事判决书，判决如下：驳回上诉，维持原判。

第二部分：涉及法律条文及案例对应分析

一、劳动者的劳动报酬应依据与用人单位签订的劳动合同确定

1.《中华人民共和国劳动合同法》第三条规定："订立劳动合同，应当遵循合法、公平、平等自愿、协商一致、诚实信用的原则。依法订立的劳动合同具有约束力，用人单位与劳动者应当履行劳动合同约定的义务。"

2.《中华人民共和国劳动合同法》第十七条第六款规定劳动合同应当具备以下条款："（六）劳动报酬。"

本案中,与郑某签订劳动合同的用人单位是 H 公司,双方签订的劳动合同明确约定郑某正常工作时间的工资为 8××元/月。郑某提交的工资条显示,其月劳动报酬收入已经远远超出合同约定的金额,说明用人单位已依约履行了合同义务。

二、用人单位具有自主确定本单位工资分配方式和工资水平的权利

《中华人民共和国劳动法》第四十七条规定:"用人单位根据本单位的生产经营特点和经济效益,依法自主确定本单位的工资分配方式和工资水平。"该法条的释义是,用人单位根据自己的生产经营特点、状况和需要,结合劳动者的劳动技能、劳动强度、劳动条件、劳动贡献等因素确定工资分配方式和工资水平。

每个劳动者获得的劳动报酬金额应依据双方签订的劳动合同中约定的工资分配方法来确定,本案中用人单位和用工单位的工资结构不同,实行不同的劳动报酬分配方法,劳务派遣工和正式工的分配方法各自依据自身的劳动合同确定。因此,G 公司作为用工单位,在不违反有关法律法规的前提下,有权根据实际情况制定对各具体劳动者的工资发放标准,自主安排员工福利待遇,如书籍补贴等的发放条件。G 公司对具有大专学历以上且专业对口的劳动者发放书籍补贴是用人单位根据每个劳动者的个体差异确定其相应的劳动报酬,不违反同工同酬原则。

三、每个劳动者个体存在差异，不能简单地以同工同酬一概而论

1. 《中华人民共和国劳动法》第四十六条规定："工资分配应当遵循按劳分配原则，实行同工同酬。"
2. 《中华人民共和国劳动合同法》第六十三条规定："被派遣劳动者享有与用工单位的劳动者同工同酬的权利。用工单位应当按照同工同酬原则，对被派遣劳动者与本单位同类岗位的劳动者实行相同的劳动报酬分配办法。用工单位无同类岗位劳动者的，参照用工单位所在地相同或者相近岗位劳动者的劳动报酬确定。劳务派遣单位与被派遣劳动者订立的劳动合同和与用工单位订立的劳务派遣协议，载明或者约定的向被派遣劳动者支付的劳动报酬应当符合前款规定。"

所谓"同工同酬"，是指用人单位对于从事相同工作、付出等量劳动且取得相同业绩的劳动者，应支付同等的劳动报酬。上述规定是我国劳动立法对同工同酬的一种原则性的规定，但在适用该规定时，应考虑劳动者自身的工作经验、工作技能、自身素质、身体条件、发展潜力等各种差异，允许用人单位根据每个劳动者的实际情况确定其劳动报酬，而不是从事同一岗位工作的劳动者的劳动报酬没有区别的完全相同。结合本案，郑某无法提供初步证据比对其与被参照的案外人（黄某）在岗位、工作内容、工作量、技能水平差异、发展潜力、对单位的贡献上完全或基本一致，无法证明二者之间符合"同工"的情况。

综上所述，H公司、G公司发给郑某的工资不违反同工同酬的原则。

第三部分：问题剖析

一、郑某案例的主体定性问题

郑某案例涉及的问题包括：①劳动报酬是否应根据劳动合同确定；②用人单位是否具有自主决定权；③个体差异是不是真正影响同工同酬的因素。其中，核心问题指向同工同酬。

同工同酬是指同一单位内部实行全日制的劳动者，在相同、相近、相似的工作岗位上，付出相同的劳动量取得相同业绩的，应执行同等的工资分配制度。另外，同工同酬的内涵是否包括补贴、年金、福利待遇等各项，其内涵和外延怎么确定，不同企业有不同的解读。

1. 劳动报酬是否依据劳动合同确定。这个是肯定的。《中华人民共和国劳动合同法》第十七条规定："劳动合同应当具备以下条款：（一）用人单位的名称、住所和法定代表人或者主要负责人；（二）劳动者的姓名、住址和居民身份证或者其他有效身份证件号码；（三）劳动合同期限；（四）工作内容和工作地点；（五）工作时间和休息休假；（六）劳动报酬；（七）社会保险；（八）劳动保护、劳动条件和职业危害防护；（九）法律、法规规定应当纳入劳动合同的其他事项。劳动合同除前款规定的必备条款外，用人单位与劳动者可以约定试用期、培训、保守秘密、补充保险和福利待遇等其他事项。"该条第（六）项就明确了劳动报酬必须在劳动合同中予以明确。

2. 用人单位是否具有自主决定权。《中华人民共和国劳动法》第四十六条规定："工资分配应当遵循按劳分配原则，实行同工同酬。工资水平在经济发展的基础上逐步提高，国家对工资总量实行宏观调控。"《中华人民共和国劳动法》第四十七条："用人单位根据本单位的生产经营特点和经济效益，依法自主确定本单位的工资分配方式和工资水平。"由此可见，企业拥有自主决定权。

3. 个体差异是不是真正影响同工同酬的因素。从法律判定的依据之一来看，企业主张其权利的时候，一般都以劳动者个体差异来申明为什么在相同岗位上的薪酬不一致。通过调查发现事实并非如此，企业没有贯彻同工同酬的原则既有历史的影响因素，还有企业的经营状况、企业人工成本压力等现实的因素，具体见下面的原因分析。

二、郑某案例涉及问题的原因分析

（一）确定同工同酬的限定条件

同工同酬是指用人单位对于技术和劳动熟练程度相同的劳动者在从事同种工作时，不分性别、年龄、民族、区域等差别，只要提供相同的劳动量，取得相同工作业绩的劳动者，就支付大体相同的劳动报酬。

任何经济行为都必须有限定条件，即假定条件，只有给出了限定条件，才有讨论的基础。下面列出了同工同酬的限定条件：①劳动者的工作岗位、工作内容相同；②在相同的工作岗位上付出了与别人同样的劳动工作量；③同样的工作量取得了相同的工作业绩。

（二）未实行同工同酬的真实原因

《中华人民共和国劳动合同法》第六十三条规定："被派遣劳动者享有与用工单位的劳动者同工同酬的权利。用工单位应当按照同工同酬原则，对被派遣劳动者与本单位同类岗位的劳动者实行相同的劳动报酬分配办法。用工单位无同类岗位劳动者的，参照用工单位所在地相同或者相近岗位劳动者的劳动报酬确定。"既然《中华人民共和国劳动合同法》对劳务派遣工的薪酬做了非常明确的规定，为什么企业不执行同工同酬政策呢？主要有以下几方面的原因。

1. 劳务派遣用工制度先天不足。随着我国市场经济的不断深化，劳动力市场也由国家控制转化为市场化调剂。G公司在2000年左右开始试用劳务派遣工，使用劳务派遣工无非出于三个目的：一是降低企业用工成本；二是打破企业用工限制；三是规避用工风险，降低用工管理难度。

从降低成本来看，企业不可避免地实行两套薪酬体系，自然造成正式员工与劳务派遣工的收入差异。G公司正式员工薪酬包括基本工资、津贴补贴、绩效工资、奖金等，还有"五险一金"等其他福利待遇，而劳务派遣工薪酬也包括基本工资、岗位津贴、绩效工资、奖金等，项目相差无几，差距主要体现在各项标准上。以基本工资为例，正式员工基本工资包括岗位工资、技能工资、工龄工资等，而劳务派遣工的基本工资以当地最低工资标准为基数，同一项目标准相差2000元以上。津贴补贴包括政策性和岗位性津贴补贴，正式

第三章 薪酬福利待遇类

员工两项都享受,而劳务派遣工主要享受岗位性津贴补贴。住房公积金方面,正式工按照12%的标准计提,而劳务派遣工一般按照5%的最低标准,此项也有2000元以上的差距。因此,从工资项目标准上就没有贯彻同工同酬。虽然近五年来,企业逐步在绩效工资和奖金方面推行同工同酬,相对过去已经是较大的进步,但与彻底实行同工同酬的要求还有较大差距。这是由于劳务派遣用工制度先天不足造成的。

以G公司为例,其2017年劳动统计报表反映出正式员工比劳务派遣工的年工资高出4.××万元/人,而其2017年口径核算的人工成本表中劳务派遣工所能获得的其他福利也是远远低于正式员工的,特别是在住房补贴、公积金、社保及交通补贴等方面差距明显,这导致劳务派遣工对工作的安全感远低于正式员工。一方面,部分劳务派遣工对企业有较强的依附性,不敢轻易或者不愿意离开企业,因为外部的不确定性加剧了他们的不安全感;另一方面,他们又非常反感企业现实中存在的不公平,在同工同酬上抱有极大的诉求,历次劳务合同续签时的对抗程度正印证了他们对同工同酬的渴求。

2. 劳务派遣工占比远超上限标准,薪酬差距大,企业实施压力大。

2015年,外企服务总公司(FESCO)与国家人力资源和社会保障部进行了一项企业用工调查,该调查面向全国20座城市的5000余家企业。调查结果显示,使用劳务派遣工的企业占到49.8%,其中,使用劳务派遣工的数量最多的国有企业,占国有企业职工总数的16.2%;其次是外资及港澳台资企业,占员工总数的14.0%。劳务派遣工的使用比例在北京、苏州、广州、南京等经济发达城市的国有企业和外企中则更高。而在一些央企和事业单位，劳务派遣工的数量甚至超过70%。最近几年还继续呈上升趋势。从行业类型来看，制造业以43.6%的比例居行业最高；从所有制类型来看，国有企业以47.2%居首，个别企业甚至高达90%。由于企业使用劳务派遣工的比重大，远远超过国家规定10%的控制数。

由于劳务派遣人员在用工总量的比重大，而与正式员工的薪酬差距也相对较大，以G公司为例，劳务派遣工接近万人，每年薪酬差距4.××万元/人，要实现同工同酬，再加上相应需要增加的工资附加费（按照50%的附加费进行测算），企业需要额外增加6～7个亿的预算，额外工资预算总额占企业薪酬总额的15%以上。在短期内，要想在G公司实现同工同酬，企业将面临巨大的压力。当然，如果把这个实现的期限拉长，通过3～5年，采取逐年消化差距的措施，每年拉进几个点，这种操作下还是有很大可能性的。

前面我们分析了劳务派遣工使用的目的：一是降低企业用工成本；二是打破企业用工限制；三是规避用工风险，降低用工管理难度。由于在短期内实现同工同酬难度系数相对较大，这也与企业使用劳务派遣工降低人工成本的初衷相背离，因此，从企业的角度去分析，很难主动采取措施实行同工同酬。只能通过社会，通过立法，通过硬性的制度约束才能真正实行同工同酬。

由于劳务派遣工占比远超上限标准，薪酬差距大，企业没有实施同工同酬的主动性，再加上出于人工成本的考虑，因此同工同酬长期未能实施。

三、法律法规未竟之事宜

《中华人民共和国劳动合同法》第六十三条规定:"被派遣劳动者享有与用工单位的劳动者同工同酬的权利。用工单位应当按照同工同酬原则,对被派遣劳动者与本单位同类岗位的劳动者实行相同的劳动报酬分配办法。用工单位无同类岗位劳动者的,参照用工单位所在地相同或者相近岗位劳动者的劳动报酬确定。"

法律有明确约束,企业没有真正执行,而法院却又判定企业没有违反规定,这就是法律法规现阶段暂时无法调节的事宜,也是我们进行案例研究的意义。从某种意义上讲,这就是法律的留白,也是可以提升的空间。

从判案证据来分析,劳动者在举证方面明显存在一定缺陷。劳动者以某一特定对象进行比对,虽然证据收集起来会相对容易,但证据不具备可比性以及证据的不确定性都会对判案造成不同的影响。如果从企业基本分配制度上采集证据,则很可能导致完全相反的结果,因为企业的分配制度首先就基于身份的区分从而确定基数的水平差异,因而从分配的指导思想上就违背了同工同酬,仅基于这一点就可以判定其是否贯彻了同工同酬的原则。

同时,对同工同酬的判定条件只能是基于岗位的基本条件,而不是"吹毛求疵"般地限定或拔高。如果达到三个基准条件(①劳动者的工作岗位,工作内容相同;②在相同的工作岗位上付出了与别人同样的劳动工作量;③同样的工作量取得了相同的工作业绩),就应给予劳动者同样的薪酬待遇。

第四部分：管控分析

一、法律方面

法律应该对贯彻同工同酬的原则设置基本的达标条件，而不是限制性条件，员工基本达到了就应该监督企业贯彻落实该原则。

二、公司方面

第一，企业各级管理者应该从思想上重视劳务派遣工同工同酬的问题，采取一些措施推进部分优秀劳务派遣工转正，通过制度建设，帮助其转变成为企业的正式员工，解决身份认同的问题。第二，企业应该从薪酬制度设计上贯彻同工同酬的原则，在薪酬的各分类项目上执行统一的基数标准。第三，企业应通过增量解决收入差距在现有人工成本预算额度内无法解决的同工同酬的问题，只有预算真正充足了，才有可能在实际中贯彻同工同酬的原则，而不会出现此消彼长的情况，引起新的矛盾。第四，企业应该制定同工同酬的基准条件，只有这样才能在实际工作中减少贯彻同工同酬的阻力，减少企业对劳务派遣用工的制度歧视和身份歧视。

三、劳动者方面

郑某通过诉讼途径主张自己同工同酬的权益，虽然在法院判决中没有获得支持，但是这个行为仍然具有积极的意义和示范效用。劳动者如果明知道自身权益受到侵害却仍保持沉默，只会加剧权益受损的程度，但如果积极主张权利，则会促使事情向积极的方向推进。只有劳动者自身树立维权意识，并积极开展相应的维权行动，才能促使同工同酬的最终实现。郑某在劳动关系结束后才主张权利，固然有自身的考虑，但是在主张权利的过程中，做好相关资料和证据的收集也非常重要。在劳动者权益受到侵害时，既要有维权的主动意识，也要有积极收集证据的主动行为，这样才有利于劳动者的权利得到有效的保证，从而确保企业劳动关系向着良好的方向发展。

第五部分：案例总结

一、问题精要

郑某案例涉及的问题包括薪酬是否由劳动合同决定、企业是否有自主决定权、个体差异是不是同工同酬的决定因素，其中的核心问题是同工同酬原则的贯彻落实。

二、管理精要

企业要在思想上重视同工同酬原则的贯彻；企业的基本薪酬制度要融入同工同酬原则，从制度层面和体系上解决同工同酬的问题；在预算上只有通过增量解决差距，才能减少阻力。

第三章 薪酬福利待遇类

企业扣减职工工资有理有据获支持案

——王某劳动争议案

第一部分：案例详解

案例：王某劳动争议案。

判词：企业扣减职工工资有理有据，职工申请主张企业违法扣减工资的请求不被支持。

案例详情

一、案由

生产奖奖金（绩效工资）劳动人事争议。

二、当事人

申请人：王某，男，汉族。
被申请人：C公司。

三、基本案情

申请人王某主张其于 1977 年 12 月入职 C 公司，担任车间值班员一职，后因 2015 年发生工伤，经 3 年多治疗痊愈后不再适合原工作岗位，于 2019 年 7 月调任车间客运员。但是，自 2020 年 6 月至今，公司以申请人考试不及格为由违法克扣其绩效工资，因此其向某劳动人事争议仲裁院（以下简称"仲裁院"）提起仲裁。

四、裁判结果

（一）仲裁阶段

1. 仲裁请求。2020 年 11 月 11 日，王某以 C 公司为被申请人向仲裁院申请劳动仲裁。仲裁请求如下：裁决被申请人向申请人支付违法克扣的 2020 年 6 月至 10 月的月生产奖每月奖金平均数 7×××元×4.5 月，共计 3××××元。

2. 仲裁院认定情况。

（1）关于劳动合同。根据王某与 C 公司签订的劳动合同书，王某作为 C 公司的员工，应遵守 C 公司的规章制度、劳动纪律，C 公司作为王某的用人单位，应按规定支付相应的工资。

（2）关于转岗情况。根据 C 公司提交的证据《关于王某调任岗位的通知》，王某于 2020 年 7 月××日起调至新车间任客运员职务。

（3）关于转岗培训。①根据《C 公司资格性培训管理实施细则》，王某作为转岗人员需要先培训后上岗，具体为参加安全、理论、实作三项考试，且成绩均合格后方可上岗，考试不合格的，允许补考两次。而事实上，C公司将该细则挂网通知学习，王某亦按该细则接受了C公司的转岗培训，并参加了相应的培训考试。②王某转岗后培训考核情况：第一次培训，王某2020年4月××日理论考试不合格，2020年5月×日、2020年6月×日两次理论考试补考均不合格；第二次培训，王某于2020年12月××日考核通过。

（4）关于转岗培训期间工资待遇支付。C公司履行相应内部审议程序制定了《C公司内部工资分配实施办法（修订）》《C公司员工激励考核管理办法》等内部制度文件，同时将上述文件以公开方式告知全体职工并组织职工进行记名学习，其中王某也签名参与了学习。根据上述内部制度文件要求，转岗人员因跟班学习期满后，定职资格考试不合格而延长跟班后经补考仍不能出师的，予以"离岗培训"考核，"离岗培训"期间的待遇即为核减绩效工资总额。

（5）关于工资。根据王某提供的工资条显示，C公司已发放王某其余的正常工作情况下的工资收入，且应发待遇并不因绩效工资的扣减而造成低于国家规定的最低工资标准的情形。

3. 仲裁裁决。仲裁院于2021年1月作出仲裁裁决书，裁决如下：驳回申请人的仲裁请求。

（二）一审阶段

王某未起诉。

第二部分：涉及法律条文及案例对应分析

一、关于职工转岗问题

《中华人民共和国劳动法》第十七条规定："订立和变更劳动合同，应当遵循平等自愿、协商一致的原则，不得违反法律、行政法规的规定。劳动合同依法订立即具有法律约束力，当事人必须履行劳动合同规定的义务。"

本案中，申请人王某工伤痊愈后不能胜任原工作岗位，用人单位 C 公司和王某双方协商一致变更了王某的工作岗位。

二、关于职工培训问题

1. 《中华人民共和国劳动法》第四条规定："用人单位应当依法建立和完善规章制度，保障劳动者享有劳动权利和履行劳动义务。"

2. 《中华人民共和国劳动合同法》第四条规定："用人单位应当依法建立和完善劳动规章制度，保障劳动者享有劳动权利、履行劳动义务。用人单位在制定、修改或者决定有关劳动报酬、工作时间、休息休假、劳动安全卫生、保险福利、职工培训、劳动纪律以及劳动定额管理等直接涉及劳动者切身利益的规章制度或者重大事项时，应当经职工代表大会或者全体职工讨论，提出方案和意见，与工会或者职工代表平等协商确定。"

本案中,被申请人 C 公司制定了《C 公司资格性培训管理实施细则》《C 公司内部工资分配实施办法(修订)》《C 公司员工激励考核管理办法》等规章制度,并分别通过党政联席会议、职工代表大会联席会议讨论通过上述制度文件,充分履行了内部审议程序。上述规章制度通过挂网学习、记名学习等公开方式向职工进行了广泛的宣传,且在双方签订的劳动合同书中明确约定职工应严格按照前述文件要求遵守用人单位的规章制度,认真履行岗位职责。

三、关于工资待遇支付问题

1.《中华人民共和国劳动法》第四十七条规定:"用人单位根据本单位的生产经营特点和经济效益,依法自主确定本单位的工资分配方式和工资水平。"

2.《最高人民法院关于审理劳动争议案件适用法律问题的解释(一)》第五十条规定:"用人单位根据劳动合同法第四条规定,通过民主程序制定的规章制度,不违反国家法律、行政法规及政策规定,并已向劳动者公示的,可以作为确定双方权利义务的依据。用人单位制定的内部规章制度与集体合同或者劳动合同约定的内容不一致,劳动者请求优先适用合同约定的,人民法院应予支持。"

根据上述规定,用人单位有权制定符合本身经营特点的薪酬分配制度,在经法定的必要程序后,可以作为确定双方权利义务的依据。本案中 C 公司制定的内部规章制度文件,或通过挂网公示,或通过记名学习,申请人王某属于知道或应当知道上述文件规定的情形,因此,C 公司按内部规定对职工进行管理，要求职工达到生产工作水平和确保安全生产，并对相应情形按相关规定进行处理的行为，属于用人单位用工自主权，符合法律规定。因 C 公司有明确的考核依据和方式，规定职工参与培训，经两次延长培训仍考核不合格的，核减其绩效工资总额。同时，绩效工资发放作为用人单位对职工考量工作能力的管理权限，C 公司依据内部管理规定自 2020 年 7 月起发放王某工资时扣减其绩效待遇的行为，事实理由依据充分。

3.《中华人民共和国劳动法》第四十八条规定："国家实行最低工资保障制度。最低工资的具体标准由省、自治区、直辖市人民政府规定，报国务院备案。用人单位支付劳动者的工资不得低于当地最低工资标准。"

根据本案申请人提供的工资条，被申请人已发放申请人其余的正常工作情况下的工资收入，且应发待遇并不因绩效工资的扣减而造成低于国家规定的最低工资标准的情形。

4.《中华人民共和国劳动争议调解仲裁法》第六条规定："发生劳动争议，当事人对自己提出的主张，有责任提供证据。与争议事项有关的证据属于用人单位掌握管理的，用人单位应当提供；用人单位不提供的，应当承担不利后果。"

本案中申请人王某无充分证据证明被申请人扣减绩效工资的行为违法，而被申请人能提供证据充分证明其扣减行为有有关规定作为依据，且该依据不违反劳动法律法规有关规定，因此法院对申请人主张被申请人支付扣减绩效工资的请求不予支持。

第三部分：问题剖析

一、王某案例的主体定性问题

王某案例涉及的问题包括职工转岗、职工培训、工资待遇支付三个方面，其核心是员工管理中的流程合法性和留存证据完整性。

在用工管理的过程中，无论是劳动关系确认、工作业绩考核、出勤率、薪酬和福利待遇的支付流程，还是社会保险缴纳、劳动保护、工伤处理等各个环节，一般都涉及两个问题：一是决策流程的合法性问题；二是管理过程的证据留存，就是仲裁或诉讼的举证问题。

首先，关于决策流程合法性。一是流程设置的合法性，即企业管理流程的依据是否合法，是否符合国家行业的相关规定。二是流程执行的合法性，企业决策流程是否执行完整，关联人员的参与度如何，劳动者的知情权是否得到保障，等等。

其次，管理过程的证据留存。"谁主张，谁举证"，本案中申请人王某无充分证据证明被申请人扣减绩效工资的行为违法，而被申请人能提供证据充分证明其扣减行为有有关规定作为依据，且该依据不违反劳动法律法规的有关规定，因此仲裁院和法院对申请人主张被申请人支付扣减绩效工资的请求不予支持，可见管理过程的证据留存对判案至关重要。

另外,在企业调研时,我们经常遇到这种情况——很多基层管理者在日常管理中常常抱有一种心态,即不敢管,担心产生冲突,引起劳动争议、员工上访等,认为多一事不如少一事,只要劳动者不过分,差不多就行了。其实,只要按照流程进行,并在过程中做好证据的留存,就完全可以依照企业的规章制度来执行,也不用担心因争议产生不好的结果,即使产生了也不需要管理者为此承担过失责任。

二、王某案例涉及问题的原因分析

从整个案件来看,企业基本上已经完整地做到了前面所说的员工管理中的流程合法性和证据留存完整性。在这种情况下,为什么王某还申请仲裁呢?明明企业没有什么问题了,王某为什么还要申请仲裁呢?王某是没事干,闲得慌吗?不是的,如果能够这样简单地看待问题,能够这么简单地处理好问题,就不会有那么多劳动争议了,司法机构也就没有存在的必要了。而事实上,很多企业都在发生或者说重复着类似的事情,由此产生无数的争议。这也就是我们从事案例研究的原因,要从深层次去挖掘问题。经调查,我们认为至少存在四个方面的原因。

1. 员工参与度不高。这里主要是指政策制定的参与度不高,除非职工代表,普通员工一般在政策制定参与度方面无非就是学习文件,具名传达。这种做法在企业非常普遍。各级管理人员在传达时也认为,只要根据要求做到了,就可以了,至于是否有效果,谁也不知道,也无法验证,就算是劳动者签了名字,规章制度里的条款与劳动者的关联度如何,劳动者本人根本不清楚。违反后会造成什么样的损失,他们也不知道。因为员工存有侥幸心理,认为这种事情自己未必会碰上,反正大家都签了名,自己也签一个,再说不签不行,签了省事。这些就真实地反映出员工参与度不足的问题。

2. 宣传力度不够。这里包括事前宣传和事后宣传。事前宣传就是指在各项管理规章制度实施前进行反复宣传,让大家逐步认识,逐步接受,这样有利于管理制度的推动和执行。事后宣传,是指在发现相关问题后进行讨论宣传引导。比如王某的劳动争议案例发生后,或者某个员工被考核后,企业各级管理者一般比较容易回避这种问题,害怕引起共鸣效应。其实,这是一个正面引导的问题,如果企业在流程执行上、证据留存上做得很好了,完全可以把这些争议或者个案作为案例提供给员工讨论,通过案例教学,让大家深入了解企业为什么这么做,员工违反要接受什么样的考核,发生劳动争议后法院怎么裁判,等等。企业把这些情况合理地展现出来,就能够形成正向的引导,但是大多数管理者不会主动去进行这种事后宣传。

3. 员工培训不到位。我们很多日常培训都是为了完成任务,而实际上并没有形成闭环,没有对培训效果进行科学的评估,实际情况就是学是学了,有没有效果就不知道了。

本案中被申请人 C 公司制定了《C 公司资格性培训管理实施细则》《C 公司内部工资分配实施办法(修订)》《C 公司员工激励考核管理办法》等规章制度,并分别经由党政联席会议、职工代表大会联席会议等决策流程通过了上述制度文件,充分履行了内部审议程序。上述规章制度也通过挂网学习、记名学习等公开方式向职工进行了广泛的宣传,且在双方签订的劳动合同书中明确约定了职工应严格按照前述文件要求遵守用人单位的规章制度，认真履行岗位职责。从形式上看，企业尽了宣传、辅导和培训的职责，但是员工培训的效果如何谁也不清楚——管理人员不清楚，员工自己也不清楚。这就是培训不到位造成的，员工培训不到位其实跟第一个方面的员工参与度不高是有关联的。

因为培训不到位，所以员工对《C公司内部工资分配实施办法（修订）》《C公司员工激励考核管理办法》等规章制度中涉及自己切身利益的条款并不清楚，在触犯企业相关条款被考核时会产生不满，这是造成王某争议的主要原因之一。要解决这个问题其实就要提高刺激的强度，这里刺激的强度不是指考核的力度，而是指培训的频次和深入程度。中国平安的培训体系为什么有效？就是因为它的培训体系非常完善，经常性的刺激能提高培训的有效性，简单而言就是反复学习，深入学习，不断学习。

4. 员工的沟通疏导机制不健全。随着企业的发展，员工面临着如何更好地完成工作、能力提升、职业发展、岗位调动、待遇提高等各种日常工作上的压力。同时，从个人角度看，生活中也难免遇到感情、家庭、健康、人际关系等各方面的问题和矛盾，因此每个员工也各自面临着不同的压力。

从心理学的角度看，适当的压力能转化为动力，会起到促进和激励的效果，但是当压力强度过高，超负荷时，就会变成阻力，使人变得紧张、烦躁、消极，这些消极的情绪最终都不利于员工有效地开展日常工作，从而影响工作效率。如果这些消极的情绪得不到释放，甚至会形成强烈的冲突。劳动争议就是一种强烈冲突的反映，它在企业内部无法有效解决，只能通过社会和法律层面的力量来调节。

根据《C公司资格性培训管理实施细则》，本案例中的王某作为转岗人员需要先培训后上岗，安全、理论、实作三项考试合格后上岗，不合格的，允许补考两次。实际上，王某按规定接受了转岗培训，并参加了培训考试。

第一次培训，2020年4月××日理论考试不合格，2020年5月×日、6月×日两次理论补考均不合格；第二次培训，2020年12月××日才通过考核。由于被考核，王某2020年6月至10月的月生产绩效被扣减。

从政策的执行层面来看，企业的操作是没有任何问题的，这也是法院最后对王某诉求不予支持的事实依据。但是，从案例分析的角度来看，我们不能忽略以下几个实际情况。

首先，王某的心理状态受到了严重挑战。一是王某因工伤调岗，从高职名调整到低职名，收入下降；二是调岗所要求的专业知识技能发生较大变化，两点都足以对王某的心理状态产生压力和消极影响。

其次，企业没有提供必要的员工帮助计划（EAP）。王某在医疗期间和转岗培训期间，个人身体状况和收入状况都受到了很大影响，这些客观上影响到了个人的心理状态。由于企业员工帮助计划功能的缺失，员工的心理不满和紧张情绪未能得到缓解，转化为劳动关系的冲突，在被考核月生产绩效后，这种冲突终于被激发，这才是产生劳动争议的根本性原因。

三、法律法规未竟之事宜

一是王某的问题解决了吗？

从员工心理上讲，虽然这个案件仲裁院没有给予支持，但并不说明劳动者本人从心理上就接受了被考核的现实，心理积累的情绪和压力也没有得到很好的缓解，这是企业在后续的管理中需要注意的部分。企业需要增加员工帮助计划，通过培养和外聘一些 EAP 专员，使企业员工在更好地完成工作、能力提升、职业发展与晋升、岗位调动、待遇提高、家庭事业平衡、个人幸福感和对企业满意度、企业文化建设、部门和整体绩效提升等方面得到指导和帮助，这才是本案例研究的实际意义。据调查，王某所在的行业近几年在大力开展 EAP 服务，并通过社会资源，设立机构外部和内部 EAP 顾问或专员帮助员工解决工作中的各类情绪、心理、行为、人际关系等相关问题。

二是企业真的是赢家吗？

从企业的角度来看，在王某劳动争议案件中，企业作为胜诉方，没有赔付，也不需要将考核的工资进行退还，维护了企业的权利，确保了企业管理制度的权威性和有效性，这是积极的方面。但是，为了应付劳动争议案件，企业需要投入大量的人力和时间成本，所有这些耗费都是对企业成本的低效率消耗，同时也对企业的社会形象产生了一些不好的影响。

如果企业能够确保员工的参与度，做好事前事后宣传，提高员工培训的有效性，给员工提供员工帮助计划，可能这个案件就不会发生。所以，企业并不是真正的赢家，这也是我们在处理大量的劳动争议案件和上访事件中得出的结论。很多劳动争议和上访本不该产生，有些仅仅就是因为员工被忽视，不被尊重，怨气无法消除，于是上访、与企业产生劳动争议。"合抱之木，生于毫末；九层之台，起于累土"，道理就是这么简单。

第四部分：管控分析

一、法律方面

用人单位有权根据本单位的生产经营特点和经济效益，依法制定本单位的薪酬分配制度，不违反国家法律、行政法规及政策规定，并已向劳动者公示的，可以作为确定双方权利义务的依据。

二、企业方面

第一，企业在管理规章制度的制定过程中必须做到有法可依，有法必依。第二，企业在管理流程中要做到流程执行的完整性。企业决策机制是否全环节执行？关联人员的参与度特别是工会部门的参与是否到位？劳动者的知情权是否得到保障？这些是检验企业流程完整性的基本标准。第三，证据留存的完整性，这是决定整个案件审判的关键，"以事实为依据，以法律为准绳"讲的就是这个道理。第四，工作的细致性。通过细致的工作，提高员工的参与度，提高培训的有效性，正确引导和缓解员工的情绪，就能够避免上述问题。

三、劳动者方面

劳动者心态的调整、情绪的缓解很多时候是劳动者自身认知不到的，需要企业帮助劳动者逐步建立求助的意识。劳动者遇到状况要积极与直接管理者沟通，平衡家庭和工作的关系。这既是劳动者自己的事情，也是企业的责任，需要劳动者和企业共同努力。

管理不是讲大道理，它应是深入人心的。我们要逐步加强对人性的关怀，提高对员工心理的关注度，帮助其提高自我认知，而不是简单地靠制度和规章来管理。

第五部分：案例总结

一、问题精要

王某案例涉及的问题包括职工转岗、职工培训、工资待遇支付三个方面，其核心是工作考核的问题，实质是员工管理中的流程合法性和留存证据完整性。

二、管理精要

对员工的管理除了从制度和规章层面入手外，更多的是从员工的自我认知、员工情绪方面进行深入的研究，只有这样才能防微杜渐，防患于未然。

第三章 薪酬福利待遇类

因住房补贴产生争议被认定为非劳动争议案

——冯某劳动争议案

第一部分：案例详解

案例：冯某劳动争议案。

判词：劳动者与用人单位就住房补贴产生争议被认定为不属于劳动争议。

案例详情

一、案由

住房补贴争议。

二、当事人

劳动者：冯某，男，汉族。
用人单位：K公司。
案外单位：G公司（G公司是K公司的总公司，K公司是 G 公司的分支机构)、J 集团（J 集团是 G 公司的控股公司）。

三、基本案情

冯某主张，其于 1985 年 3 月退伍安置被招入 K 公司工作至今，是 K 公司的正式员工。根据 J 集团于 2001 年公布的《J 集团直属机关住房货币分配实施办法》（以下简称"办法"）规定，"凡是 J 集团直属机关的正式员工（含离退休人员），本人及配偶均未享受过按原房改政策购买共有住房、解困房或参加单位内部集资建房等住房优施政策（以下简称'原住房优惠政策'）以及其他符合当地政府规定条件的人员，从 2000 年 1 月 1 日起，实行住房货币分配办法，领取住房补贴"。冯某作为 K 公司的正式员工，且与妻子均未享受过原住房优惠政策，属于上述办法所规定的特定实施对象，理应按照办法领取住房补贴。

对于住房补贴款金额的计算则按照办法附件"住房货币补贴标准一览表"的规定，中级工月住房补贴标准为每月 4××元，因冯某已于 2002 年取得中级技能职业资格证，所以其应获得的住房补贴款为 1×××××元。

四、裁判结果

（一）仲裁阶段

1. 仲裁请求。2020 年 4 月，冯某以 K 公司为被申请人向某劳动人事争议仲裁委员会（以下简称"仲裁委"）申请劳动仲裁。仲裁请求如下：裁决被申请人向申请人支付住房补贴款1×××××元。

2. 仲裁委认定情况：仲裁委认定申请人的仲裁请求不属于劳动人事争议处理范围。

3. 仲裁裁决：裁定不予受理。

（二）一审阶段

1. 仲裁裁决后，冯某不服，以K公司为被告向某人民法院（以下简称"法院"）提起诉讼。诉讼请求如下：①判令被告向原告支付住房补贴款1×××××元；②判令被告承担本案诉讼费。

2. 一审法院认定情况。

（1）原告冯某所提供的双方劳动合同中对其所诉的住房补贴并没有明确约定，原告也无证据证明用人单位K公司的规章制度或者职工代表大会曾决议发放上述住房补贴，故应对此承担不利后果。

（2）参照《广州市人民政府关于实行住房货币分配有关问题的通知》等相关规定，各单位发放的住房补贴资金以及住房公积金必须纳入广州市房改办开设的"住房货币补贴专户"，故该问题涉及我国住房制度改革及行政机关的部分职能。因此，原告所诉的福利待遇纠纷不符合法院受理劳动争议范围，不符合《中华人民共和国劳动争议调解仲裁法》第二条的规定，依法应予驳回。

3. 一审判决。法院于2021年8月作出民事裁定书，裁定如下：驳回原告冯某的起诉。

第二部分：涉及法律条文及案例对应分析

一、关于发放住房补贴是否属于法定义务问题

1.《住房公积金管理条例》第二十条规定："单位应当按时、足额缴存住房公积金，不得逾期缴存或者少缴。对缴存住房公积金确有困难的单位，经本单位职工代表大会或者工会讨论通过，并经住房公积金管理中心审核，报住房公积金管理委员会批准后，可以降低缴存比例或者缓缴；待单位经济效益好转后，再提高缴存比例或者补缴缓缴。"

2.《广州市人民政府关于实行住房货币分配有关问题的通知》（穗府〔2000〕18号）第二条第二款规定："本市企业和自收自支事业单位以及中央、外地驻穗单位，可根据本单位的实际情况和经济承受能力，参照市人民政府穗府〔1998〕21号文件制定本单位住房货币分配方案。在发放住房货币补贴时，可根据本单位的经济承受能力，对符合住房货币分配条件的职工，按照实行住房货币分配前的工作年限及实行住房货币分配时的职务给予发放一次性住房货币分配资金，余下的工作年限内的住房货币分配资金按月发放，但发放年限合计不得超过本单位制定的住房货币分配年限。发放一次性住房货币分配在资金上有困难的单位，可统一采取按月发放形式发放。"

依据上述法律法规及文件可见，为劳动者缴存住房公积

金是住房社会保障制度下用人单位应承担的法定义务,住房补贴则不同于住房公积金,用人单位可以根据本单位的实际情况和经济承受能力自主决定是否发放以及发放的原则和标准,发放住房补贴不属于用人单位的法定义务。

值得注意的是,无论是对各单位发放的住房补贴还是对应缴纳的住房公积金的管理,都必须纳入行政机关管理职能。

二、关于住房补贴争议是否属于劳动争议问题

1.《中华人民共和国劳动合同法》第十七条规定:"劳动合同应当具备以下条款:(一)用人单位的名称、住所和法定代表人或者主要负责人;(二)劳动者的姓名、住址和居民身份证或者其他有效身份证件号码;(三)劳动合同期限;(四)工作内容和工作地点;(五)工作时间和休息休假;(六)劳动报酬;(七)社会保险;(八)劳动保护、劳动条件和职业危害防护;(九)法律、法规规定应当纳入劳动合同的其他事项。劳动合同除前款规定的必备条款外,用人单位与劳动者可以约定试用期、培训、保守秘密、补充保险和福利待遇等其他事项。"

2.《中华人民共和国劳动争议调解仲裁法》第二条规定:"中华人民共和国境内的用人单位与劳动者发生的下列劳动争议,适用本法:(一)因确认劳动关系发生的争议;(二)因订立、履行、变更、解除和终止劳动合同发生的争议;(三)因除名、辞退和辞职、离职发生的争议;(四)因工作时间、休息休假、社会保险、福利、培训以及劳动保

护发生的争议；（五）因劳动报酬、工伤医疗费、经济补偿或者赔偿金等发生的争议；（六）法律、法规规定的其他劳动争议。"

根据上述法律条文规定，如果本案原告冯某所提供的双方劳动合同对住房补贴有明确约定，或者用人单位 K 公司的规章制度或职工代表大会曾决议发放住房补贴，则本案所述住房补贴应属于职工的福利待遇，双方就住房补贴发生的争议应属于劳动争议范围；反之，因本案原告冯某并无上述证据，因此本案产生的住房补贴争议不属于劳动争议，也非人民法院的受案范围，最终法院裁定驳回了原告的起诉。

第三部分：问题剖析

一、冯某案例的主体定性问题

冯某案例涉及的问题包括：①住房补贴纠纷是否属于劳动争议的问题；②住房补贴是否属于法定义务的问题。其中，核心问题是住房补贴是否属于法定义务。

经调查发现，K 公司的住房补贴制度和货币分房政策并未真正实行，而冯某为什么会提起劳动仲裁呢？这不禁让人心生疑问。

冯某案例看起来非常简单，无非就是一个住房补贴的诉求，但实际上反映了一个较为深层次的社会问题。让我们先聚焦于案例本身，通过案例去探寻真实的状况。案例所追溯的时间为2000年,但为什么在2020年这个时间才申请仲裁,过去的20年中究竟发生了什么,此时申请劳动仲裁是否还在法定的仲裁时效内。带着这一系列的疑问,我们团队展开了细致的调查,逐步还原事件的真相。

调查情况:10多年来,K公司部分××籍的退伍职工以要求企业解决货币分房或货币补贴为由进行过多次上访。详情如下。

1. 人员情况。K公司现有××籍退伍职工206人(平均年龄约58岁,均为男性,其中71人已于2020年5月前退休),他们均于1985年3月被招收分配到K公司,其中27人曾参加对越自卫反击战。目前,大部分在生产一线岗位从事生产工作,小部分在管理岗位上。

2. 主要诉求。自2007年起,部分人员就货币分房或货币补贴等事项开始通过信访表达诉求。他们认为自己进入公司几十年了,从未享受过任何形式的分配住房,有权要求公司给予住房或货币补贴。特别是近3年,由于这批人员逐步进入退休的倒计时,因此,他们更加迫切希望能得到关注,期待公司落实货币分房或货币补贴的有关政策。

而实际上,这批人员中已有39人享受到了不同形式的购房优惠政策(房改房、集资房18人,经济适用房2人,另有19人承租了社会分配给企业的公租房)。

3. 信访历程。近10年来,这部分人员曾多次到K公司和上级部门及地方政府甚至北京进行上访,历次活动有:

(1)2012年,K公司9名员工与其他地方的退伍军人一同到中山纪念堂内进行集会诉求活动。

(2)2013年,原告与其他几名退伍军人进京上访。

(3) 2017年,部分人员先去广东省信访接待厅上访,未被受理后,又到K公司所在行业集团聚集(拉横幅、静坐)。

(4) 2018年,部分人员再次到行业集团聚集(拉横幅、静坐)。

(5) 2019年,部分人员到广东省退役军人事务厅服务中心上访。

(6) 2019年,K公司部分人员再次去行业集团进行上访。

4. 解答疏导历程。近10年来,从K公司到行业集团已多次对这部分人员做了详细的政策解答和思想疏导等工作,具体如下。

(1) 2011年,行业集团信访办协同有关处室到K公司进行下访,与这部分人员座谈沟通,并进行了相关政策的解答。

(2) 2017年,行业集团信访办会同有关处室负责人两次来K公司下访,与5名代表进行座谈沟通,反复开展了政策解答与思想疏导等工作。

(3) 2017年,行业集团信访办会同有关处室负责人到部分人员生活的所在地进行下访,再次座谈沟通并开展政策解答与思想疏导工作。

(4) 10多年来,K公司也曾采取下访、约谈等形式,对部分人员开展无数次的政策解答与思想疏导等相关工作。

5. 相关政策解答。根据《国务院关于进一步深化城镇住房制度改革加快住房建设的通知》(国发〔1998〕23号)、《建设部、财政部、国家经济贸易委员会、全国总工会关于进一步深化国有企业住房制度改革加快解决职工住房问题的通知》(建房改〔2000〕105号)、广州市人民政府《转发省人民政府关于加快住房制度改革实行住房货币化分配的通知》(穗府〔1999〕10号)等文件规定,企业住房补贴制度由企业自主决策,量力而行,是在企业有支付能力的前提下实行的。由于所需资金金额巨大,目前K公司不具备实施住房补贴的条件,希望有关人员能够理解。

6. 企业后期措施。

(1) K公司领导与相关部门负责人将不定时到上访人员所在地进行下访,对相关重点人员开展"一对一"或"多对一"的访谈,认真做好思想疏导、情绪化解和稳控等工作。

(2) K公司进一步加强与地方政府有关部门的沟通和协调,共同做好对相关重点人员的盯控与稳控等工作。

调查至此,我们明白虽然案情很简单,但透射出深层次的社会问题,具有一定的影响,而不单纯是企业的内部问题。为了深入研究这个案例,要厘清几个问题。

问题一:住房补贴与公积金的差异。

某些情况下,住房公积金等同于住房补贴。企事业单位实行住房分配货币化时,既可以采取建立补充住房公积金的形式,也可以采取直接发放住房补贴的形式。因此,在单位采取建立补充住房公积金的形式实行货币化时,此时在职工原有住房公积金缴存额基础上新补充的住房公积金部分实质上就是住房补贴。

单位用于资助职工的住房公积金和住房补贴的资金来源相同。这两种资金的来源首先都立足于单位原有住房基金划转，不足部门区分单位不同性质分别由财政预算拨付或列支成本费用。

住房公积金与住房补贴的管理和使用基本相同。目前住房补贴资金是必须在住房资金管理中心系统开立职工住房补贴账户，比照住房公积金进行专户存储和专项使用的，与住房公积金分别核算。两者在具体的资金管理模式和使用方向上基本一致。住房补贴和住房公积金有什么区别？

第一，概念不同。住房公积金是指国家机关、国有企业、城镇集体企业、外商投资企业、城镇私营企业及其他城镇企业、事业单位、民办非企业单位、社会团体为其在职职工缴存的长期住房储金；而住房补贴是国家为职工解决住房问题而给予的补贴资助，即将单位原有用于建房、购房的资金转化为住房补贴，分次（如按月）或一次性发给职工，再由职工到住房市场上进行支配。

第二，对象范围不同。住房公积金的建立范围基本上是各单位的全体在职职工，离退休职工不建立；住房补贴的发放对象范围是各单位的无房职工和住房面积未达到其职级所对应的住房补贴面积标准的职工，包括离退休职工，是全体职工中（符合特定条件）的一部分职工。

第三，构成不同。住房公积金是由职工个人从工资中扣缴和单位资助两部分构成；住房补贴是由单位单方面给予职工的资助，无须职工个人从工资中扣缴。

问题二：住房补贴是否为法定义务？

根据《国务院关于进一步深化城镇住房制度改革加快住房建设的通知》（国发〔1998〕23号）、《建设部、财政部、国家经济贸易委员会、全国总工会关于进一步深化国有企业住房制度改革加快解决职工住房问题的通知》(建房改〔2000〕105号)、广州市人民政府《转发省人民政府关于加快住房制度改革实行住房货币化分配的通知》(穗府〔1999〕10号)等文件规定,企业住房补贴制度由企业自主决策,量力而行,是在企业有支付能力的前提下实行的。

由此可见,住房补贴不是法定义务,而是企业的自主选择。企业无论是执行住房改革政策还是不执行都不存在过错,因为企业具有自主选择权,完全可以根据企业的经营状况自行决定,不具备法律的强制性。

问题三:案例相关人员有何特殊性?

根据调查,案例涉及人群是退伍兵,很多还是越战老兵,这是一个非常特殊的群体。由于历史和观念等原因,走进老兵、关注老兵,将老兵作为研究对象是比较少的,老兵的生存状态、群体特征、心理观念等也鲜为社会所知。

第一,社会对退伍老兵的关注度不高。我国现在处于和平年代,国际关系能够长期保持较为稳定的态势,周边形势尚且缓和,所以社会对军人群体的关注本身就较战争年代有所下降。而且,随着时间的推移,历史会变得越来越模糊,老兵的故事也会逐渐被人们所淡忘,但是,老年退伍士兵有其特殊的经历,对历史、社会和他们自己的人生有着独特的感受和理解,而且老兵们在艰苦的年代为国家献出了青春和热血,他们需要尊严和荣誉,需要被大众认可。

第二,老兵的生活缺乏保障。我国由于社会保障制度起步较晚,人口老龄化、城乡收入差距、地区经济发展不均衡等问题使社会保障制度改革面临复杂的局面,在养老保障方面,覆盖面仍然很小,社保资金筹集渠道不畅,缺位现象严重，使得老兵往往成为容易被忽略的群体。

随着财政力量的大幅提升，优抚范围在不断扩大，力度也在加强。但是，现行军人优抚体制本质上依然只是与计划体系相匹配的旧系统的延续，财政上缺少稳定可靠专门的保障，组织上缺少专门负责退伍军人权益的组织和部门。其结果是，虽然政策规定，只要是民政部认定的参战老兵，都会有由地方和中央共同承担的补助，国家每月发放近300元，地方补助多寡则视财政状况而定。但是，由于政府并无专门负责退伍老兵权益的部门，因此，常见老兵向地方民政局申请补助时，因无法提交认可其参战的证明而抱怨被刁难，农村兵补助被克扣的情形也非常多。从对今天境况不满的那些参战老兵的普遍诉求看，他们最大的诉求就是"不惧牺牲，最恐遗忘"。

这批退伍老兵已经基本失去了劳动能力，没有足够的经济收入和社会保障，加剧了他们晚年的生存焦虑。

所以，涉及退伍老兵的相关问题都相对比较复杂，有一个历史发展的过程，我们需要高度关注，也要慎重处理，稍有处理不当，都会影响构建和谐的员工关系，影响社会的稳定。

问题四：法律途径能否解决问题？

冯某案例虽然是个案，但是对其代表的群体和所涉及的企事业单位而言，判决的失败与否则具有深远的影响。如果判其胜诉，虽然代表法律层面对这一群体的高度重视，但同时也加大了企业的解决难度，会引发同类人群的共振。而如果仅仅为解决这一部分人员的困难而采取特别的操作方式，对企业的其他员工也是有失公平公正的。倘若要在企业推行，企业将承受巨大的支出压力。如果他们败诉，以这个群体的做事风格来看，将会不断通过各种途径和渠道表达诉求，甚至可能采取更为极端的方式来表达和发泄不满。因此，冯某的案例的判定将注定成为两难的问题。

二、为什么选定这个案例

虽然冯某的案例仅是个案，但具有社会影响力，这不仅仅是企业自身的问题，也是社会性的问题，涉及政府、法律等各个层面，所以将这个案例抽出来进行研究。

三、冯某案例涉及问题的原因分析

冯某所在的 K 公司作为国企，在员工收入方面都较为稳定，不存在上述退伍兵普遍存在的生活环境恶劣的情况，但在北京、上海、广州、深圳等一线城市，高房价成为员工生活的主要压力来源之一。企业在解决员工住房方面也作出了较大努力，通过各种途径，包括自建房、集资建房、公租房、经济适用房、单身宿舍等来极力解决员工的住宿问题，从我们调研中也可以印证这种状况。即使这样，企业中仍有很大一部分员工无法解决住房的问题，其中就包括一部分退伍军人，这是国有企事业单位的一大特点。其实，在其他企业，住房完全是由员工自己解决的。

1. 从员工自身来看，这类人群之所以反复上访，反复表达诉求，其实从群体的特征就可以发现根源。①他们都是退伍军人，军人职业的危险性、艰苦性决定了军人要与艰苦为伴，要经受各种艰难困苦的磨炼，要有百折不挠的意志和顽强进取的精神。所以，他们长期抱团上访，就是由在军旅生活中形成的吃苦耐劳、坚忍顽强的意志品质所决定的，也和他们在军人生涯中养成的团队作战的习惯有关。②在企业里，除了个别人员能够走上管理岗位，绝大部分人员还在生产一线工作。工作中积累的不满和住房的压力，再加上军人荣誉感的失落，促使他们采取这种方式不断表达诉求。③由于国家、相关部委和地方政府都出台了住房改革的指导性文件，军人习惯"一切行动听指挥"。退伍军人觉得这就是政策依据，就应该执行。因而，他们认为通过上访或者法律手段可以督促或迫使企业执行相关政策。④关于对上访的错误认知。在特定环境里，上访的个人对上访行为、付出的牺牲、获得的东西有着他们独特的认知，这种认知的形成与他们所处的特殊社会环境有关，并在很大程度上支撑着他们的抗争，使得他们即使在生活的方方面面已经受到巨大影响的情况下，依然坚持上访。他们的认知主要有以下方面。

（1）预期的经济回报。经济利益的预期是支撑这些人员长期上访的重要原因。长期上访户普遍相信最终会遇到"包青天"，从而满足他们经济上的诉求。

（2）退出上访的沉没成本。屡见不鲜的是，上访户的诉求往往随着上访年限的增加而不断增加，但是诉求越高获得满足的可能性就越小，从而导致恶性循环，他们也由此变成了长期上访户。值得注意的是，上访户在核算其成本的时候，并不只考虑自己投入的时间、金钱等经济成本，还会考虑到"争气"的因素。

聚焦到冯某案例，就存在对上访问题认知的错误。这一群人认为，只要他们不断上访，就肯定能够最终解决问题。

第三章
薪酬福利待遇类

还有一个就是面子的问题,他们认为已经上访这么久了,如果没有赢就放弃,会没有面子,而且很多同事、亲戚都知道自己是上访户,如果没有通过这种形式来获得胜利,就证明自己是错的,是没有道理的,所以只能硬挺着。

2. 从企业方面看,有下面三个方面的不足。

(1) 政策制定缺乏可行性研究。国家和相关部委以及地方政府出台相关政策后,国有企业基于企业属性,一般紧跟政策时效,同步制定企业的相关政策,主要是怕上级主管部门追究政策执行的责任。从J集团的《J集团直属机关住房货币分配实施办法》的制定过程来看,基本上是照搬照抄上级主管部门的政策,没有充分开展实际调查,没有摸清企业的实际情况,结果就是虽然制定了政策却没有真正施行。为什么没有施行?无非就是与企业的实际情况不相符,企业不具备施行的条件。员工的构成、各地经济发展水平不一等诸多因素都会对政策的实施产生影响。

(2) 政策实施的宣传力度不够。这里包括事前宣传和事后宣传。事前宣传是指在各项政策实施前进行反复宣传,让大家逐步认识,逐步接受,有利于制度的推动和执行。事后宣传是指在制度实施后引发问题的情况下要积极疏导,将相关政策解读到位。而实际情况是企业各级管理者一般比较容易回避这个问题,害怕引起共鸣效应。其实,这是一个正面引导的机会,企业完全可以把这些争议或者个案作为案例提供给员工学习讨论。通过案例,大家可以深入了解企业为什么这么做,国家政策是什么样的,以及地方相应的政策要求是怎么样的,等等,把这个情况合理地展现出来,就能够形成正向的引导,但是大多数的管理者不会主动去进行类似的事后宣传。

（3）沟通疏导机制不健全。随着企业的发展，员工面临着如何更好地完成工作、能力提升、职业发展、岗位调动、待遇提高等各种日常工作上的压力。从心理学的角度看，适当的压力能转化为动力，会起到促进和激励的效果，但是当压力强度过大，超负荷时，就会变成阻力，使人变得紧张、烦躁、消极，这些消极的情绪最终都不利于员工有效地开展日常工作，从而影响工作效率。如果这些消极的情绪得不到释放，会形成强烈的冲突，争议就是一种强烈冲突的反映。

冯某所代表的一群人，就是由于住房问题通过长达十年的上访也无法解决，积压了大量的负面情绪。员工帮助计划的缺失，促使员工的心理不满和紧张情绪转化为实质性的冲突，这种冲突最终被激化了。

四、法律法规未竟之事宜

冯某案例有没有赢家？

从劳动者的角度看，冯某耗费了时间和法律诉讼的费用，但未能达到解决其住房补贴的目的，他肯定不是赢家。

从企业的角度看，在冯某劳动争议案件中，为了应付劳动争议案件，企业需要投入大量的人力和时间成本，所有这些耗费都是对企业成本的低效率消耗，同时也对企业的社会形象产生了一些不好的影响，所以企业也不是赢家。

第四部分：管控分析

一、法律方面

为劳动者缴存住房公积金是住房社会保障制度下用人单位应承担的法定义务，住房补贴则不同于住房公积金，用人单位可以根据本单位的实际情况和经济承受能力自主决定是否发放以及发放的原则和标准，发放住房补贴不属于用人单位的法定义务。

二、企业方面

首先，企业在涉及员工切实利益的政策制定方面必须慎重，要做好可行性研究。从本案例的产生来看，即使企业制定的福利政策完全根据国家法律法规的要求，做到了有法可依，有法必依，但仍然出现了状况，这说明企业政策的制定没有做好充分的调研。其次，企业要做好细节的工作。"合抱之木，生于毫末；九层之台，起于累土；千里之行，始于足下。"通过细节的工作，做好政策制定前后的宣传工作，建立员工帮助计划，正确引导和缓解员工的情绪，或许能够避免上述劳动争议问题。

三、劳动者方面

劳动者心态的调整、情绪的缓解很多时候是劳动者自身认知不到的，需要企业帮助劳动者逐步建立求助的意识。劳动者遇到状况时要积极与直接管理者沟通，平衡家庭和工作的关系。这既是劳动者自己的事情，也是企业的责任，需要劳动者和企业共同努力。

第五部分：案例总结

一、问题精要

冯某案例涉及的问题包括：①住房补贴纠纷是否属于劳动争议的问题；②住房补贴是否属于法定义务的问题。其中，核心问题是住房补贴是否属于法定义务。

二、管理精要

对员工的管理除了从制度和规章层面入手外，更多的是从员工的自我认知、员工家庭和工作平衡等方面进行深入的研究，加大宣传力度，建立疏导机制，只有这样才能防微杜渐，防患于未然。

第四章

社会保险待遇类

单位未足额缴纳工伤保险费造成职工享受工伤保险待遇降低被要求补足差额案

——陈某劳动争议案

第一部分：案例详解

案例：陈某劳动争议案。

判词：单位未依法核定职工社保缴费基数，未足额为职工缴纳工伤保险，造成工伤职工享受的工伤保险待遇降低，被判令补足差额。

案例详情

一、案由

工伤保险待遇争议。

二、当事人

劳动者：陈某，男，汉族。
用人单位：G公司、T公司。

三、基本案情

陈某主张，2011年12月31日，其入职G公司并签订期限自2011年12月31日至2016年12月30日的劳动合同。2012年12月28日，陈某于工作时受伤，并在2014年1月28日经广东省人力资源和社会保障厅认定为工伤，2014年6月9日经广东省劳动能力鉴定委员会鉴定为伤残等级十级。2015年1月19日，陈某通过参加选聘考试入职T公司，因此与G公司终止劳动合同，并与T公司签订期限自2015年1月19日至2023年1月18日的劳动合同。

四、裁判结果

（一）仲裁阶段

1. 仲裁请求。2015年5月，陈某以G公司和T公司为被申请人向某劳动人事争议仲裁委员会（以下简称"仲裁委"）申请劳动仲裁。仲裁请求如下：①2013年4月19日至5月19日停工留薪工资×××元；②一次性伤残补助金6××××元；③一次性伤残就业补助金3××××元；④一次性工伤医疗补助金×××元。

2. 仲裁委认定情况。

（1）关于劳动关系问题。根据T公司《关于陈某通过公开招聘考试入职的通知》以及 G 公司出具的终止解除劳动合同证明等证据材料，仲裁委认定申请人陈某因工作调转原因于 2015 年 1 月 19 日与 G 公司终止劳动关系，并同时于 2015 年 1 月 19 日与 T 公司建立劳动关系。

（2）关于停工留薪问题。根据《广东省工伤保险条例》第二十五条的规定，停工留薪期由劳动能力鉴定委员会确认，因陈某未提供证据证实其主张的停工留薪期经劳动能力鉴定委员会确认，仲裁委对其主张不予支持。

（3）关于一次性伤残补助金问题。陈某于 2012 年 12 月 28 日发生工伤，并已被认定为十级伤残，根据《工伤保险条例》第三十七条和《广东省工伤保险条例》第三十二条规定，十级伤残职工由工伤保险基金支付一次性伤残补助金，支付标准为 7 个月工资。根据《工伤保险条例》第十条、第六十四条以及《广东省社会保险费征缴办法》第六条相关规定，用人单位为职工缴纳社会保险费应按职工申报个人所得税工资、薪金的总额计算缴纳。陈某于 2011 年 12 月 31 日入职，G 公司于 2012 年 1 月开始为其申报缴纳社会保险费，在没有陈某上一年度工资数据的情况下，参照上述法规及文件规定精神，应按陈某起薪当月应申报个人所得税的应税工资、薪金税项为其申报缴费工资，而 G 公司对于陈某 2012 年 1 月至 6 月的社保缴费是按照 2011 年广东省上一年度在岗职工月平均工资的 60% 为基数，2012 年 7 月至 12 月的社保缴费基数则按照陈某 2012 年上半年月平均工资加上本单位在岗职工上一年度月平均奖金为基数，显然并不符合上述法规及文件规定精神，因此仲裁委认定按照陈某受伤前 11 个月的月平均工资即 4×××元为标准来计算，据此陈某应当获得的一次性伤残补助金为3××××元（4×××元×7个月）。按照《广东省工伤保险条例》第五十六条规定，扣除工伤保险基金已经支付的1××××元，G公司还应向陈某补足一次性伤残补助金差额1××××元。

（4）关于一次性伤残就业补助金问题。根据《工伤保险条例》第三十七条和《广东省工伤保险条例》第三十二条规定，工伤职工本人提出解除劳动合同的由用人单位支付一次性伤残就业补助金，十级伤残支付标准为4个月工资。该工资计算基数为陈某解除劳动关系前12个月即2014年度的月平均缴费工资5×××元，据此G公司应向陈某支付一次性伤残就业补助金2××××元（5×××元×4个月）。

（5）关于一次性工伤医疗补助金问题。根据《工伤保险条例》第三十七条和《广东省工伤保险条例》第三十二条规定，工伤职工本人提出解除劳动合同的由工伤保险基金支付一次性工伤医疗补助金，十级伤残支付标准为一个月工资，因此仲裁委对于申请人要求被申请人支付一次性工伤医疗补助金的请求不予支持。

3. 仲裁委裁决。

（1）在本裁决生效之日起五日内，G公司一次性支付陈某一次性伤残补助金1××××元。

（2）在本裁决生效之日起五日内，G公司一次性支付陈某一次性伤残就业补助金2××××元。

（3）驳回陈某的其他仲裁请求。

(二) 一审阶段

1. 仲裁裁决后，陈某和G公司均不服，分别向某人民法院（以下简称"法院"）提起诉讼。

2. 法院于 2016 年 3 月作出民事判决书，判决如下：

（1）在本判决生效之日起三日内，G 公司给付陈某一次性伤残补助金 1××××元。

（2）在本裁决生效之日起三日内，G 公司给付陈某一次性伤残就业补助金 2××××元。

（3）驳回陈某的其他诉讼请求。

（三）二审阶段

1. 一审判决后，陈某、G 公司均不服，分别向某中级人民法院（以下简称"中院"）提起上诉。

2. 二审判决。中院于 2016 年 9 月作出民事判决书，判决如下：驳回上诉，维持原判。

第二部分：涉及法律条文及案例对应分析

一、关于工伤保险费缴费基数核定问题

1. 《工伤保险条例》第十条第二款规定："用人单位缴纳工伤保险费的数额为本单位职工工资总额乘以单位缴费费率之积。"

2. 《工伤保险条例》第六十四条规定："本条例所称工资总额，是指用人单位直接支付给本单位全部职工的劳动报酬总额。本条例所称本人工资，是指工伤职工因工作遭受事故伤害或者患职业病前 12 个月平均月缴费工资。本人工资

高于统筹地区职工平均工资300%的，按照统筹地区职工平均工资的300%计算；本人工资低于统筹地区职工平均工资60%的，按照统筹地区职工平均工资的60%计算。"

3.《广东省社会保险费征缴办法》第六条规定："缴费个人按本人当月申报个人所得税的工资、薪金计算缴纳社会保险费，缴费单位按所属缴费个人当月申报个人所得税工资、薪金的总额计算缴纳社会保险费。"

本案中，陈某于2011年12月31日入职G公司，G公司于2012年1月开始为其申报缴纳社会保险费，在没有陈某上一年度工资数据的情况下，参照上述法规及文件规定精神，应按陈某起薪当月应申报个人所得税的应税工资、薪金税项为其申报缴费工资。

二、关于一次性伤残补助金问题

1.《工伤保险条例》第三十七条第一款规定，职工因工致残被鉴定为七级至十级伤残的，享受以下待遇："（一）从工伤保险基金按伤残等级支付一次性伤残补助金，标准为：七级伤残为13个月的本人工资，八级伤残为11个月的本人工资，九级伤残为9个月的本人工资，十级伤残为7个月的本人工资。"

2.《广东省工伤保险条例》第三十二条第一款规定："职工因工致残被鉴定为七级至十级伤残的，由工伤保险基金支付一次性伤残补助金，标准为：七级伤残为十三个月的本人工资，八级伤残为十一个月的本人工资，九级伤残为九个月的本人工资，十级伤残为七个月的本人工资。"

本案中，陈某于2012年12月28日发生工伤，并已被认定为十级伤残,按照上述法律条文规定,陈某应获得的一次性伤残补助金由工伤保险基金支付,支付标准为其 7 个月的本人工资,工资计算标准为陈某因工作遭受事故伤害前 12 个月的平均月缴费工资。由于陈某 2011 年 12 月 31 日才入职,工作年限不足一年,因此仲裁院认定按照陈某受伤前 11 个月的月平均工资为标准来计算,相对公平。

3.《广东省工伤保险条例》第五十六条规定:"用人单位少报职工工资,未足额缴纳工伤保险费,造成工伤职工享受的工伤保险待遇降低的,工伤保险待遇差额部分由用人单位向工伤职工补足。"

根据上述规定,本案中 G 公司为陈某申报的 2012 年 1 月至 12 月的工伤保险缴费基数不符合相关法律条文规定和文件精神,造成了陈某享受的工伤保险待遇降低,因此仲裁委和法院均裁决由 G 公司向陈某补足工伤保险待遇差额部分。

三、关于一次性伤残就业补助金问题

1.《工伤保险条例》第三十七条第二款规定,职工因工致残被鉴定为七级至十级伤残的,享受以下待遇:"(二)劳动、聘用合同期满终止,或者职工本人提出解除劳动、聘用合同的,由工伤保险基金支付一次性工伤医疗补助金,由用人单位支付一次性伤残就业补助金。一次性工伤医疗补助金和一次性伤残就业补助金的具体标准由省、自治区、直辖市人民政府规定。"

2.《广东省工伤保险条例》第三十二条第二款规定:"七级至十级伤残职工劳动、聘用合同终止或者依法与用人单位解除劳动关系的,除享受基本养老保险待遇或者死亡情形之外，由工伤保险基金支付一次性工伤医疗补助金，由用人单位支付一次性伤残就业补助金，终结工伤保险关系。补助金标准如下：（一）一次性工伤医疗补助金：七级伤残为六个月的本人工资，八级伤残为四个月的本人工资，九级伤残为二个月的本人工资，十级伤残为一个月的本人工资。（二）一次性伤残就业补助金：七级伤残为二十五个月的本人工资，八级伤残为十五个月的本人工资，九级伤残为八个月的本人工资，十级伤残为四个月的本人工资。"

3.《广东省工伤保险条例》第三十三条规定："计发本条例第三十一条、第三十二条规定的一次性工伤医疗补助金和一次性伤残就业补助金，本人工资低于工伤职工与用人单位解除或者终止劳动关系前本人十二个月平均月缴费工资的，按照解除或者终止劳动关系前本人十二个月平均月缴费工资为基数计发。缴费工资不足十二个月的，以实际缴费月数计算本人平均月缴费工资。本人平均月缴费工资高于全省上年度职工月平均工资百分之三百的，按照全省上年度职工月平均工资的百分之三百计算；低于全省上年度职工月平均工资百分之六十的，按照全省上年度职工月平均工资的百分之六十计算。"

本案中，陈某通过公开招聘考试入职 T 公司，因此向 G 公司提出解除劳动关系，按照上述法条规定，双方劳动关系终止后应由用人单位 G 公司支付一次性伤残就业补助金，十级伤残支付标准为 4 个月工资。该工资计算基数为陈某解除劳动关系前 12 个月即 2014 年度的月平均缴费工资 5×××元，据此 G 公司应向陈某支付一次性伤残就业补助金 2××××元（5×××元×4个月）。

四、关于一次性工伤医疗补助金问题

根据《工伤保险条例》第三十七条第二款规定以及《广东省工伤保险条例》第三十二条第二款、第三十三条规定，本案中陈某提出解除劳动合同，双方劳动关系终止后，由工伤保险基金支付一次性工伤医疗补助金，十级伤残支付标准为一个月工资。该工资计算基数为陈某解除劳动关系前12个月即2014年度的月平均缴费工资5×××元。

第三部分：问题剖析

一、陈某案例的主体定性问题

陈某案例涉及的问题包括劳动关系解除、工伤保险待遇两个问题，核心问题就是工伤保险待遇问题，包括两个方面：一是待遇怎么计算的问题，二是谁支付的问题。

1. 待遇核算的问题。陈某被认定工伤后可以领取的补助金包括三个部分：①一次性伤残补助金；②一次性工伤医疗补助金；③一次性伤残就业补助金。其中，第②、第③项的法定领取条件为双方劳动关系已终止或依法解除。

因此，在核算中需要搞清楚五点：①三项补助分别应计算的月数；②工资基数；③各项补助金额；④各项已支付金额；⑤各项补充金额。在实际核算中应以表格形式进行，可

以非常清楚地呈现。

2. 由谁支付的问题。属于应由社保基金支付的项目，需要做两项工作：一是协助员工积极向社保部门提交资料，帮助其从社保部门获得相关的补助差额；二是如果发生社保不予补充的情况，则改由企业承担，这里就需要准备相关社保部门的批复意见作为提起企业支付的依据，经过企业内部决策流程确定后，对这一部分待遇进行支付。

属于应由企业支付的项目，由于涉及两个不同的企业，这里需要做好两个方面的工作：一是确定支付主体为谁，按照工伤事故发生的时间，应由陈某发生工伤时所在的用人单位 G 公司承担；二是需要准备相关的支付依据，包括但不限于司法机关裁定文书等，通过企业内部决策流程进行确定后，对这一部分待遇进行支付。

二、劳动关系解除的问题

陈某自 2011 年 12 月 31 日入职 G 公司，签订合同期限自 2011 年 12 月 31 日至 2016 年 12 月 30 日的劳动合同。2015 年 1 月 19 日，陈某通过参加选聘考试入职 T 公司，因此与 G 公司终止劳动合同，并与 T 公司签订合同期限自 2015 年 1 月 19 日至 2023 年 1 月 18 日的劳动合同。G 公司主观认为自己与 T 公司为同一家母公司的子公司，都是一个集团旗下的企业，劳动关系仍存在，工伤保险待遇可以直接移转，陈某不符合获得一次性伤残就业补助金的条件。因此，G 公司未经咨询法律部门，就擅做决定不将一次性伤残就业补助金发给职工，导致职工因此提出仲裁。

第四部分：管控分析

一、法律方面

用人单位应当依照《工伤保险条例》规定参加工伤保险，为本单位全部职工缴纳工伤保险费，所有职工均有权享受工伤保险待遇。

二、企业方面

首先，在遇到工伤待遇核算的问题时应该根据相关法律规定对需要支付的项目、标准、金额进行严格的测算，如果对相关法律条文解读存在疑虑的，可以咨询行业主管部门或者人力资源和社会保障部门进行确定；对于需要补付的费用，属于社保支付的部分要积极联系社保部门，协助职工准备相关材料，向社保部门申请补差；对于需要由企业承担的，则需要获得社保部门专门批复资料，作为企业内部行使内部决策流程的依据。

其次，企业规范的劳动合同解除流程总结如下：①按劳动人事任免管理权限，由劳动人事部门根据相关部门或个人提供的书面资料，填写"解除（终止）劳动合同审批表"。②将理由通知同级工会组织。工会组织召开职代会（职工大会）或团组长联席会议，如提出异议，用人单位应当研究工会组织的意见后再做决定，并将处理结果书面通知工会组织。③用人单位履行内部决策程序，并作出解除劳动合同决定。④劳动人事部门下达人事命令送达劳动者本人、同级工会等。⑤用人单位与劳动者解除或终止劳动合同之日起三日内办结工作交接。⑥劳动者须向用人单位支付违约金或赔偿金的，在办理工作交接时支付。⑦用人单位须向劳动者支付经济补偿金的，在办结工作交接时支付。⑧用人单位应为劳动者出具解除（终止）劳动合同证明，劳动者应配合用人单位在十五日内按规定办理人事档案和社会保险关系转移手续。解除或终止劳动合同的证明，应写明劳动合同期限、解除或者终止劳动合同的日期、工作岗位、在本单位的工作年限。⑨按照保密和竞业限制补充协议，用人单位需向竞业限制人员支付经济补偿的，在竞业限制期内按月给予经济补偿。

在本案中，G公司和T公司虽均为同一公司的子公司，但彼此均为独立法人，独立承担民事责任，因此在办理陈某工作调动过程中，首先是G公司与陈某解除劳动合同，然后G公司将劳动合同解除的情况通知T公司，T公司收到G公司通知，确认无误后再与陈某签订劳动合同。

最后，工伤在国有企业中属于比较敏感的问题，一般都会与工作绩效考核、单位的安全生产奖励、领导经营业绩兑现等挂钩，严重的还会影响到责任人的职位，所以，企业各级管理者会心存侥幸心理，对不太严重的、可以私下调解的情况一般会选择瞒报或不报。因此，企业应建立规范的工伤上报制度和监督制度，同时做好工伤保险相应的政策宣传。

三、劳动者方面

劳动者在遭遇工伤后，要按照规定的流程进行申报，并且要知晓工伤赔偿中涉及的赔偿项目，主要有治（医）疗费、住院伙食补助费、外地就医交通费和食宿费、康复治疗费、辅助器具费、停工留薪期工资、生活护理费、一次性伤残补助金、伤残津贴、一次性伤残就业补助金和一次性工伤医疗补助金、丧葬补助金、供养亲属抚恤金、一次性工亡补助金。此外，各项费用有相应的支付标准和期限，劳动者可以查询相关的保险待遇，也可以咨询专业人士，确保自己的利益得到合理的保障和补偿，具体项目及执行如下。

1. 治（医）疗费。治疗工伤所需费用必须符合工伤保险诊疗项目目录、工伤保险药品目录、工伤保险住院服务标准，从工伤保险基金支付。

2. 住院伙食补助费。职工住院治疗工伤、康复的伙食补助费，由工伤保险基金按照统筹地区规定的标准支付。

3. 外地就医交通费、食宿费。经医疗机构出具证明，报经办机构同意，工伤职工到统筹地区以外就医的，所需交通、食宿费用由工伤保险基金按照统筹地区规定的标准支付。

4. 康复治疗费。工伤职工到签订服务协议的医疗机构进行康复性治疗的费用，符合工伤保险诊疗项目目录、工伤保险药品目录、工伤保险住院服务标准的，从工伤保险基金支付。

5. 辅助器具费。工伤职工因日常生活或者就业需要，经劳动能力鉴定委员会确认，可以安装假肢、矫形器、假眼、假牙和配置轮椅等辅助器具，所需费用按照国家规定的标准从工伤保险基金支付。辅助器具应当限于辅助日常生活及生产劳动之必需，并采用国内市场的普及型产品。工伤职工选择其他型号产品，费用高出普及型的部分，由个人自付。

6. 停工留薪期工资。职工因工作遭受事故伤害或者患职业病需要暂停工作接受工伤医疗的，在停工留薪期内，原工资福利待遇不变，由所在单位按月支付。

7. 生活护理费。生活不能自理的工伤职工在停工留薪期需要护理的，由所在单位负责。所在单位未派人护理的，应当参照当地护工从事同等级别护理的劳务报酬标准向工伤职工支付护理费。工伤职工已经评定伤残等级并经劳动能力鉴定委员会确认需要生活护理的，从工伤保险基金按月支付生活护理费。

生活护理费按照生活完全不能自理、生活大部分不能自理或者生活部分不能自理3个不同等级支付，其标准分别为统筹地区上年度职工月平均工资的50%、40%或者30%。

8. 一次性伤残补助金。标准为：一级伤残为27个月的本人工资，二级伤残为25个月的本人工资，三级伤残为23个月的本人工资，四级伤残为21个月的本人工资，五级伤残为18个月的本人工资，六级伤残为16个月的本人工资，七级伤残为13个月的本人工资，八级伤残为11个月的本人工资，九级伤残为9个月的本人工资，十级伤残为7个月的本人工资。

9. 伤残津贴。职工因工致残被鉴定为一级至四级伤残的，由工伤保险基金按月支付，直至本人死亡，标准为：一级伤残为本人工资的90%，二级伤残为本人工资的85%，三级伤残为本人工资的80%，四级伤残为本人工资的75%。伤残津贴实际金额低于当地最低工资标准的，由工伤保险基金补足差额。一级至四级伤残职工户籍从单位所在地迁回原籍的，其伤残津贴可以由社会保险经办机构按照标准每半年发放一次。用人单位应当按照全省上年度职工月平均工资为基数发给六个月的安家补助费。所需交通费、住宿费、行李搬运费和伙食补助费等，由用人单位按照因公出差标准报销。职工因工致残被鉴定为五级、六级伤残的，保留与用人单位的劳动关系，由用人单位安排适当工作。难以安排工作的，由用人单位按月发给伤残津贴，标准为：五级伤残为本人工资的70%，六级伤残为本人工资的60%。伤残津贴实际金额低于当地最低工资标准的，由用人单位补足差额。

10. 一次性伤残就业补助金和一次性工伤医疗补助金。职工因工致残被鉴定为五级、六级伤残的，经工伤职工本人提出，该职工可以与用人单位解除或者终止劳动关系，由工伤保险基金支付一次性工伤医疗补助金，由用人单位支付一次性伤残就业补助金，终结工伤保险关系。一次性工伤医疗补助金标准为：五级伤残为10个月的本人工资，六级伤残为8个月的本人工资。一次性伤残就业补助金标准为：五级伤残为50个月的本人工资，六级伤残为40个月的本人工资。（广东省）

七级至十级伤残职工劳动、聘用合同终止或者依法与用人单位解除劳动关系的，由工伤保险基金支付一次性工伤医疗补助金，由用人单位支付一次性伤残就业补助金，终结工伤保险关系。一次性工伤医疗补助金标准为：七级伤残为6

个月的本人工资，八级伤残为 4 个月的本人工资，九级伤残为 2 个月的本人工资，十级伤残为 1 个月的本人工资。一次性伤残就业补助金标准为：七级伤残为 25 个月的本人工资，八级伤残为 15 个月的本人工资，九级伤残为 8 个月的本人工资，十级伤残为 4 个月的本人工资。（广东省）

11. 丧葬补助金。职工因工死亡丧葬补助金为 6 个月的统筹地区上年度职工月平均工资。

12. 供养亲属抚恤金。职工因工死亡供养亲属抚恤金按照职工本人工资的一定比例发给向因工死亡职工生前提供主要生活来源、无劳动能力的亲属。标准为：配偶每月 40%，其他亲属每人每月 30%，孤寡老人或者孤儿每人每月在上述标准的基础上增加 10%。核定的各供养亲属的抚恤金之和不应高于因工死亡职工生前的工资。供养亲属的具体范围由国务院社会保险行政部门规定。

13. 一次性工亡补助金。一次性工亡补助金标准为上年度全国城镇居民人均可支配收入的 20 倍。

工伤赔偿分为三种情况：第一种是虽然有受伤但是没有达到伤残的程度，第二种是构成了伤残，第三种是直接造成了员工的死亡。在不同的情况下规定的赔偿标准都是不同的，尤其是在造成了伤残的时候，具体又分为十个等级，不同等级对应的工伤待遇不一样。

第五部分：案例总结

一、问题精要

陈某案例涉及的问题包括劳动关系解除、工伤保险待遇问题两个方面，核心问题就是待遇怎么计算和由谁支付的问题。

二、管理精要

企业人力资源部门在处理社保相关问题时应该时刻做到细致、全面，用好社会保险政策。不能想当然，更不能存在侥幸心理，要运用社会保险政策有效促进企业与劳动者双方的互相信任，从而真正节约企业用工成本。

企业遗失职工人事档案导致职工退休待遇降低案

——褚某劳动争议案

第一部分：案例详解

案例：褚某劳动争议案。

判词：企业遗失职工人事档案，职工以要求企业补办人事档案、界定工龄为由提起劳动争议，因不属于劳动争议受理范围，未获支持。

案例详情

一、案由

职工人事档案缺失造成工龄认定不足、退休待遇降低引发的劳动争议。

二、当事人

劳动者：褚某，女，汉族。

用人单位：B公司、C公司，其中B公司是C公司的分公司。

三、基本案情

劳动者褚某主张其于1985年12月入职C公司，并在B公司工作，1994年1月起，C公司开始为褚某购买社保。1996年1月C公司股份制改革后，B公司与褚某签订了无固定期限劳动合同。褚某即将于2016年8月退休，在办理退休手续时，被B公司告知其1985年至1990年的人事档案丢失。由于部分档案丢失，且C公司自1994年才开始为其购买社保，导致褚某在办理退休时，社保局认定其工龄仅为23年（即1994年至2016年），这一认定直接影响其退休待遇。

四、裁判结果

（一）仲裁阶段

1. 仲裁请求。2016年7月29日，褚某以B公司、C公司为被申请人向某劳动人事争议仲裁院（以下简称"仲裁院"）申请劳动仲裁。仲裁请求如下：①确认申请人与被申请人自1985年12月起至2016年8月期间存在劳动关系；②裁决被申请人为申请人补办人事档案，并按申请人的实际工龄向××省社会保险基金管理局申办养老待遇审理手续。

2. 仲裁院认定情况。

（1）关于劳动关系认定。仲裁院认为申请人与被申请人双方签订劳动合同，依法建立了劳动关系，双方的合法权益均应受到法律保护。关于确认劳动关系的仲裁请求，本案中申请人的部分档案丢失，但是双方当事人对申请人的入职时间（1985年12月25日）和在职期间的工龄存续期间均予以认可，未有争议，该情形不符合《中华人民共和国劳动争议调解仲裁法》第二条规定的因确认劳动关系发生的争议，故仲裁院对申请人要求确认与第二被申请人自1985年12月25日至2016年8月4日存在劳动关系，不予调处。

（2）关于申请人档案实情。1996年11月30日，申请人与B公司签订了无固定期限劳动合同，社保缴费清单显示自1994年1月开始连续缴纳社保，2016年8月4日申请人年满50周岁，庭前尚未享受养老保险待遇。褚某主张，1985年12月25日，其入职C公司，2016年达到法定退休年龄，但核算工龄时被告知因其档案中最早的招工审批表丢失，无法认定其1985年12月至1993年8月期间的工龄，但其出具的会员证、结业证、培训合格证书等资料均有载明申请人参加工作的时间为1985年12月，工资单中的工龄221元/月，也是按照31年工龄核算。两被申请人均确认褚某提供证据的真实性、合法性、关联性，且未提供其他证据，因此足以证明申请人的实际工龄情况。

（3）关于补办档案情况。褚某要求裁决两被申请人补办人事档案，并按照其实际工龄向××省社会保险基金管理局申办养老待遇审理手续，仲裁院认定不属于仲裁院审理范围，亦不予调处。

3. 仲裁裁决。仲裁院于2016年10月作出仲裁裁决书，裁决如下：驳回申请人的仲裁请求。

（二）一审阶段

1. 仲裁裁决后，褚某不服，以B公司、C公司为被告向某人民法院(以下简称"法院")提起诉讼。

2. 诉讼请求：①请求确认原告与被告在 1985 年 12 月 25 日至 2016 年 8 月 4 日期间存在劳动关系；②判令两被告为原告补办人事档案，并按原告实际的工龄向××省社会保险基金管理局申办养老待遇审理手续；③判令两被告赔偿原告养老待遇的损失 50 万元；④本案诉讼费由被告承担。

3. 原告褚某于 2017 年 1 月向法院提出撤诉申请。

4. 一审裁决：2017 年 1 月，法院作出民事裁定书，裁定准予原告褚某撤诉。

第二部分：涉及法律条文及案例对应分析

一、关于劳动关系问题

1.《中华人民共和国劳动法》第十六条规定："劳动合同是劳动者与用人单位确立劳动关系、明确双方权利和义务的协议。建立劳动关系应当订立劳动合同。"

2.《中华人民共和国劳动争议调解仲裁法》第二条规定："中华人民共和国境内的用人单位与劳动者发生的下列劳动争议，适用本法：（一）因确认劳动关系发生的争议；（二）因订立、履行、变更、解除和终止劳动合同发生的争议；（三）因除名、辞退和辞职、离职发生的争议；（四）因工作时间、休息休假、社会保险、福利、培训以及劳动保护发生的争议；（五）因劳动报酬、工伤医疗费、经济补偿或者赔偿金等发生的争议；（六）法律、法规规定的其他劳动争议。"

3.《中华人民共和国劳动争议调解仲裁法》第五条规定："发生劳动争议，当事人不愿协商、协商不成或者达成和解协议后不履行的，可以向调解组织申请调解；不愿调解、调解不成或者达成调解协议后不履行的，可以向劳动争议仲裁委员会申请仲裁；对仲裁裁决不服的，除本法另有规定的外，可以向人民法院提起诉讼。"

依据上述法律规定，劳动合同是确认劳动者和用人单位双方劳动关系的重要依据，双方因确认劳动关系发生争议的可以向仲裁院申请仲裁。而本案中双方当事人虽未能提供1985年的劳动合同，但案件审理中双方对劳动者的入职时间（1985年12月）和在职期间的工龄存续期间均予以认可，对双方的劳动关系确认没有争议，因此，仲裁院认定此案不属于仲裁审理范围，不予调处。

二、关于档案丢失的法律救济问题

《中华人民共和国档案法》第五条规定："一切国家机关、武装力量、政党、团体、企业事业单位和公民都有保护档案的义务，享有依法利用档案的权利。"

作为企业的一名职工，理应享有要求企业保管好其个人档案的权利，同样，作为企业，理应履行保管好职工个人档案的义务。

档案是公民取得就业资格、缴纳社会保险费及享受相关待遇等事项的重要凭证。保存档案的企事业单位，违反关于妥善保存档案的法律规定，丢失他人档案的，势必影响职工的再就业、职称评定或享受相关的社会保险待遇。根据司法实践，对丢失档案材料的案件，一般要求用人单位予以补办；无法补办的，其引起的损失应结合当地经济发展状况，以及结合用人单位的过错与劳动者损害的因果关系，确定一次性限额赔偿的原则，对原告的损失进行量化赔偿。

本案褚某的部分档案丢失，导致其退休待遇降低，褚某以要求企业补办人事档案、界定工龄为由提起劳动争议，其采取劳动争议的法律救济手段最终被仲裁院裁定驳回。如果褚某采取民事赔偿的救济手段，要求企业赔偿由于工龄认定减少导致退休待遇的损失，是否会有不同的结局呢？

第三部分：问题剖析

一、褚某案例的主体定性问题

褚某案例涉及的问题包括职工劳动关系确定、职工档案丢失两个方面，其核心问题是企业对于职工档案管理的疏漏，导致无法确认档案遗失期间的工龄和最初开始确立劳动关系的时间，职工退休待遇降低的问题。

褚某案例从表面上看是档案管理的问题，实质上是关于员工在办理退休时如何确定建立劳动关系的时间的问题，这直接与社保退休待遇相关。在这种情况下，有两种可能。

一种可能是通过法律手段来确定劳动关系建立的时间，这个裁定结果被社保部门所采信，则褚某可以按照实际的工作年限退休，并确保其退休待遇不受到任何影响。另外一种可能就是法院裁定了劳动关系建立的时间，但是不能被社保部门采信，那么，相关的法律责任或者经济责任则应该由企业承担。这种承担又分为两种形式：一是由企业一次性补偿其待遇缺失部分；二是根据社会同类人员待遇由企业逐年进行补差，并随着社保待遇的调整同步进行调整。这两种补偿方式均有利弊，这里不做展开。

二、褚某案例的原因分析

褚某案例究其根本就是人事档案部分遗失的问题，造成这个问题的主要原因有四个方面：一是没有规范的资料交接流程，包括交接流程涉及的交接步骤、资料范围、交接经办人、交接确认方式、交接审核人，这些项目都没有明确的流程来规范，所以交接工作容易出现缺失；二是档案管理缺乏规范约束，没有建立员工档案定期核查机制，所以一般都是在员工临近退休进行核查时才发现类似的问题，如果尽早发现，还是有许多弥补办法的；三是经办人员缺乏严格的专业培训和教育，责任和风险意识较低，意识不到档案缺失的严重性；四是员工自身对自己的档案资料保存情况不了解，这与传统的档案管理工作涉及的保密性有关，但是企业人力资源管理存在人员更替的问题，所以单纯靠经办人员的职业素养来维护档案的完整性是不够的，应该建立相应的员工档案的查询机制，由职工代表代表员工对职工档案的完整性进行询问和核查。

职工参加工作后其人事档案由单位保存，在职工调动过程中的档案交接工作做得很不到位，负有保管责任的单位未及时对其档案内容的完整性进行检查，导致多年过去后，职工当时工作的单位找不到或已不存在了，现任职的单位也无法对当时的材料进行补办，职工利益严重受损。最后褚某对此案的撤诉，可能是企业与职工达成了和解。

三、法律法规未竟之事宜

在国家实施养老保险制度前，行政事业单位、国有企业和集体企业职工为国家承认工龄的在编人员可以享受视同缴费的待遇，合同制工人的工龄在国家实施养老保险制度前是不被承认的，只能按实际缴费年限计算工龄，不能享受视同缴费的待遇。

企业遗失职工人事档案，职工褚某要求裁决两被申请人补办人事档案，并按照其实际工龄向××省社会保险基金管理局申办养老待遇审理手续，仲裁院认定不属于仲裁院审理范围，亦不予调处，职工不获支持，其实际利益受到实质性损害，但责任主要在企业方，员工作为无过错方应该得到相应补偿。

四、企业丢失档案该如何担责

《最高人民法院关于人事档案被原单位丢失后当事人起诉原用人单位补办人事档案并赔偿经济损失是否受理的复函》明确规定，保存档案的企事业单位，违反关于妥善保管档案的法律规定，丢失他人档案的，应当承担相应的民事责任。档案关系人起诉请求补办档案，赔偿损失的，人民法院应当作为民事案件受理。

第四部分：管控分析

一、法律方面

保存档案的企事业单位，违反关于妥善保管档案的法律规定，丢失他人档案的，应当承担相应的民事责任。

二、企业方面

人事档案是我国人事管理制度的一个重要特色，它是一个人身份、学历、资历等方面的证据，与个人工资待遇、社会劳动保障、组织关系紧密挂钩，具有法律效用，是记载人生轨迹的重要依据，起着凭证、依据和参考的作用，在个人转正定级、职称申报、办理养老保险等相关证明时，都需要使用档案。而现在部分企业在保管职工档案时会存在对档案内容补充不及时、丢件落件等情况，有的企业几经撤并改制，在档案的管理上就更容易出现漏洞。造成褚某争议的原因就是档案管理制度的不完善，没有做到点对点的排查和复查。大型、超大型企业经常面临改制、重组等问题，褚某的档案就是在其工作单位几次改制的情况下丢失的，这应该引起企业管理者的高度重视，企业应把职工档案管理作为维护职工合法权益的重要工作来做好。

1. 企业要建立一套完整的档案管理制度，要在档案的接收、审核、日常管理、移交等方面制定详细的规范和要求，对有缺失的档案应采取拒收的措施，要求档案缺失时间段相应的档案管理部门做好补充后才接收，高度重视档案管理，杜绝此类事件再次发生。

2. 企业要定期对档案管理人员进行相应的培训。档案管理是一门严谨、细致的学科，必须有专人专项负责此工作，必须提高档案管理人员的准入门槛，对档案管理的制度和规定等理论知识定期进行考察，确保档案管理人员不出错，且能发现错误。

3. 企业要和各地人力资源和社会保障局密切联系，及时对接退休档案审核的相关要求，对档案情况较特殊的职工，应合理合法地积极为其争取应得的权益。

4. 部分职工在辞职后可能觉得自己不需要人事档案了，对档案移交工作不上心不关心，甚至不闻不问。但对用人单位来说，档案管理也需要成本，同时也承担着很大的风险，应及时跟进离职人员的档案去向，督促职工及时转出档案，妥善保管暂时无人问津的档案，规避日后的风险。企业也要向职工宣传档案的重要性，加强职工对个人档案的重视。

三、劳动者方面

职工个人应密切关注个人档案的保管情况，在调动单位或解除劳动关系后应及时追查个人档案的移交情况，在出现丢失等问题时应及时采取正当手段反映情况，维护个人的合法权益。同时，要合理保管自己的人事命令、劳动合同、工资表、考勤等与自身利益相关的有关证据，保障自身的合法权益。

第五部分：案例总结

一、问题精要

褚某案例涉及的问题包括职工劳动关系确定、职工档案丢失两个方面，其核心问题是企业对于职工档案管理的疏漏，导致无法确认档案遗失期间的工龄和最初开始确立劳动关系的时间，职工退休待遇降低的问题。

二、管理精要

人事档案是我国人事管理制度的一个重要特色，它是一个人身份、学历、资历等方面的证据，与个人工资待遇、社会劳动保障、组织关系紧密挂钩，具有法律效用。企业要建立一套完整的档案管理制度，定期对档案管理人员进行相应的培训，对档案情况较特殊的职工，应合理合法地为其积极争取应得的权益，向职工广泛宣传档案的重要性。

第四章 社会保险待遇类

劳务派遣工非因工死亡后企业承担相关补偿责任争议案

——卫某等亲属劳动争议案

第一部分：案例详解

案例：卫某等亲属劳动争议案。

判词：劳务派遣工非因工死亡后，用人单位需要承担在职职工非因工死亡相关的补偿责任，涉及丧葬补助费、供养直系亲属一次性救济金和一次性抚恤金。

案例详情

一、案由

劳务派遣工黄某某非因工死亡后，其直系亲属要求企业支付供养直系亲属一次性救济金的劳动人事争议。

二、当事人

劳务派遣工（死者）亲属：卫某（黄妻）、黄女、黄父。

用人单位：H 公司（劳务派遣公司）。

用工单位：GG 公司、GS 公司（其中 GG 公司是 GS 公司的分公司）。

三、基本案情

卫某等人主张：其直系亲属黄某某自 2005 年 5 月起陆续与多家劳务派遣公司建立劳动合同关系，均被劳务派遣至 GG 公司从事线路工岗位。2014 年 1 月，黄某某与 H 公司签订劳动合同，仍被 H 公司劳务派遣至 GG 公司工作。2016 年 7 月，黄某某因病医治无效死亡，卫某等人作为黄某某的直系亲属，要求依照《广东省企业职工假期待遇死亡抚恤待遇暂行规定》第十条规定，由上述公司承担黄某某非因工死亡的相关补偿责任，包括丧葬补助费、供养直系亲属一次性救济金和一次性抚恤金等共计 1××××元。

四、裁判结果

（一）仲裁阶段

1. 仲裁请求。2016 年 8 月，卫某等人以 GS 公司、GG 公司和 H 公司为被申请人向某劳动人事争议仲裁委员会（以下简称"仲裁委"）申请劳动仲裁。仲裁请求如下：请求裁决三被申请人向申请人支付丧葬补助费 2××××元、供养直系亲属一次性救济金 4××××元和一次性抚恤金 4××××元。

2. 仲裁委认定情况。

（1）关于劳动关系问题。本案死者黄某某与 H 公司自 2014 年 1 月起签订劳动合同，H 公司和黄某某之间是用人关系，H 公司将黄某某劳务派遣至 GG 公司工作，GG 公司和黄某某之间是用工关系，各方的合法权益均受法律保护。

（2）关于是否需要支付丧葬补助费、供养直系亲属一次性救济金和一次性抚恤金问题。①2016 年 7 月 4 日，黄某某因病去世，广东省社会保险基金管理局已核定并支付丧葬补助费 2××××元、一次性抚恤金 4××××元，并从 2016 年 9 月起终结养老保险关系。申请人卫某等人当庭确认并撤回上述两项仲裁请求。②关于供养直系亲属一次性救济金，根据《广东省企业职工假期待遇死亡抚恤待遇暂行规定》第十条和《中华人民共和国社会保险法》第十七条规定，从内容上看，两规定之间并无冲突，即对于已参加基本养老保险的在职职工非因工死亡的，应由社会保险机构支付丧葬补助金和抚恤金，而关于供养直系亲属的一次性救济金，并未排除适用。因此，企业应支付供养直系亲属的一次性救济金 4××××元（计算公式为广州市 2015 年度在岗职工月平均工资 6×××元×6 个月）。

（3）关于本案的责任主体问题。因 H 公司是用人单位，而 GG 公司、GS 公司是用工单位而非用人单位，申请人卫某等人要求 GG 公司、GS 公司承担供养直系亲属的一次性救济金无法律依据，企业应供养直系亲属的一次性救济金应由用人单位即 H 公司支付。

（4）关于本案可享受供养直系亲属的一次性救济金的主体问题。死者现有三名健在直系亲属，其中，申请人卫某系死者妻子，其未满55周岁，且未丧失劳动能力，依法不属于死者生前供养的直系亲属；而申请人黄女系死者女儿，其未满18周岁，申请人黄父系死者父亲，已年满60周岁，且为农村户口，此两人应认定属于死者生前有供养关系的直系亲属，依法可享受供养直系亲属一次性救济金。

3. 仲裁裁决。2016年11月仲裁委裁决如下：

（1）本裁决生效之日起三日内，H公司一次性支付申请人黄女、黄父直系亲属一次性救济金4××××元。

（2）驳回申请人的其他仲裁请求。

（二）一审阶段

1. 仲裁裁决后，H公司不服，以卫某等人为被告，GG公司、GS公司为第三人向某人民法院（以下简称"法院"）提起诉讼。

2. 审判结果。2017年10月，法院作出一审判决：原告H公司在本判决发生法律效力之日起三日内，向被告黄女、黄父支付黄某某生前供养直系亲属一次性救济金4××××元。

一审判决后，双方均未上诉。

第二部分：涉及法律条文及案例对应分析

一、关于劳动关系问题

1.《中华人民共和国劳动合同法》第三条规定："订立

劳动合同，应当遵循合法、公平、平等自愿、协商一致、诚实信用的原则。依法订立的劳动合同具有约束力，用人单位与劳动者应当履行劳动合同约定的义务。"

2.《中华人民共和国劳动合同法》第七条规定："用人单位自用工之日起即与劳动者建立劳动关系。用人单位应当建立职工名册备查。"

3.《中华人民共和国劳动合同法》第五十八条规定："劳务派遣单位是本法所称用人单位，应当履行用人单位对劳动者的义务。劳务派遣单位与被派遣劳动者订立的劳动合同，除应当载明本法第十七条规定的事项外，还应当载明被派遣劳动者的用工单位以及派遣期限、工作岗位等情况。劳务派遣单位应当与被派遣劳动者订立二年以上的固定期限劳动合同，按月支付劳动报酬；被派遣劳动者在无工作期间，劳务派遣单位应当按照所在地人民政府规定的最低工资标准，向其按月支付报酬。"

根据前述法律条文规定，劳务派遣是一种合法用工形式，劳务派遣单位是用人单位，被派遣劳动者与劳务派遣单位即用人单位之间是劳动关系，与接受劳务派遣形式用工的单位即用工单位之间并非劳动关系。本案死者黄某某作为劳动者，与用人单位H公司自2014年1月起签订劳动合同，H公司和黄某某之间是用人关系，H公司与GS公司签订派遣协议，将黄某某劳务派遣至GG公司工作，GS公司、GG公司和黄某某之间是用工关系，各方的合法权益均受法律保护。

二、关于丧葬补助费、供养直系亲属一次性救济金和一次性抚恤金问题

1. 《中华人民共和国社会保险法》第十七条规定："参加基本养老保险的个人，因病或者非因工死亡的，其遗属可以领取丧葬补助金和抚恤金；在未达到法定退休年龄时因病或者非因工致残完全丧失劳动能力的，可以领取病残津贴。所需资金从基本养老保险基金中支付。"

2. 《广东省企业职工假期待遇死亡抚恤待遇暂行规定》第十条规定："职工（含离退休人员）因病或非因工负伤死亡，发给丧葬补助费、供养直系亲属一次性救济金（或供养直系亲属生活补助费）、一次性抚恤金。丧葬补助费的标准：3个月工资（月工资按当地上年度社会月平均工资计，下同）；供应直系亲属一次性救济金标准：6个月工资；一次性抚恤金标准：在职职工6个月工资，离退休人员3个月工资。已参加社会养老保险的离退休人员死亡，由当地社会保险机构按养老保险有关规定发放待遇；在职职工因病或非因工负伤死亡，除有规定纳入社会保险支付的地方外，由企业按上述标准发给死亡抚恤待遇。"

3. 《广东省高级人民法院关于审理劳动争议案件疑难问题的解答》第十条规定："职工因病或者非因工死亡，其遗属依据《广东省企业职工假期待遇死亡抚恤待遇暂行规定》主张丧葬补助费、供养直系亲属一次性救济金（或供养直系亲属生活补助费）、一次性抚恤金的，予以支持。"

依据前述法律法规规定，本案死者黄某某非因工死亡后，其遗属有权主张丧葬补助费、供养直系亲属一次性救济

金、一次性抚恤金。其中,丧葬补助费和一次性抚恤金由社会保险基金支付,供养直系亲属一次性救济金由企业支付。相关标准如下:①丧葬补助费标准:3个月工资(月工资按当地上年度社会月平均工资计,下同);②供养直系亲属一次性救济金标准:6个月工资;③一次性抚恤金标准:在职职工6个月工资,离退休人员3个月工资。

三、责任主体问题

《中华人民共和国社会保险法》第十条规定:"职工应当参加基本养老保险,由用人单位和职工共同缴纳基本养老保险费。无雇工的个体工商户、未在用人单位参加基本养老保险的非全日制从业人员以及其他灵活就业人员可以参加基本养老保险,由个人缴纳基本养老保险费。"

依据上述法律条文,本案死者黄某某非因工死亡后,应由其用人单位承担相应的补偿责任,即应由H公司支付供养直系亲属的一次性救济金,而其亲属要求用工单位GG公司、GS公司承担连带责任则无法律依据。

四、关于可享受供养直系亲属的一次性救济金的主体问题

1. 《广东省劳动厅关于职工因病或非因工死亡的一次性抚恤金发放对象的批复》规定:"一次性抚恤金是对死亡职工直系亲属的慰问,因此发放对象应是死者的直系亲属。而供养直系亲属一次性救济金,必须是与死者生前有供养关系的直系亲属才能享受。"

2. 《因工死亡职工供养亲属范围规定》第二条规定:

"本规定所称因工死亡职工供养亲属，是指该职工的配偶、子女、父母、祖父母、外祖父母、孙子女、外孙子女、兄弟姐妹。"

3.《因工死亡职工供养亲属范围规定》第三条规定："上条规定的人员，依靠因工死亡职工生前提供主要生活来源，并有下列情形之一的，可按规定申请供养亲属抚恤金：（一）完全丧失劳动能力的；（二）工亡职工配偶男年满60周岁、女年满55周岁的；（三）工亡职工父母男年满60周岁、女年满55周岁的；（四）工亡职工子女未满18周岁的。"

依据上述规定，可享受供养直系亲属的一次性救济金的主体是参照因工死亡职工供养的直系亲属范围，即死者黄某某生前供养的直系亲属，包括其未满18岁的女儿黄女及年满60岁的父亲黄父，其配偶则因未满55岁且未丧失劳动能力而不属于其供养的直系亲属范围。

第三部分：问题剖析

卫某案例涉及的责任主体定性问题很简单，主要就是因黄某某死亡而产生的供养直系亲属一次性救济金是由用工单位还是用人单位承担的问题，而这个问题会引申出几个关联问题。

1. 在劳务派遣中，主体身份与实际承担方的区分。在劳务派遣用工形式中，用人单位是指具有用人权利能力和用人

第四章
社会保险待遇类

行为能力，运用劳动力组织生产劳动，且向劳动者支付劳动报酬的单位。这里用人单位就是劳务派遣方，它有义务与劳动者签订劳动合同。用工单位就是接受劳务派遣的单位，用工主体没有法律上的特定含义，可以是组织，也可以是个人。

所以，是且只能是派遣方（即用人单位）作为主体身份，与劳动者建立劳动关系，依法向劳动者发放工资、为劳动者缴纳社保，履行各类涉及劳动争议的经济补偿和赔偿责任。在本案例中，H公司应承担相应的支付工作。

本案中的GG公司、GS公司是用工单位，用工单位是在劳务派遣协议中接受劳务派遣用工的单位，用工单位与劳务派遣工不存在劳动关系，因此不能以主体身份履行相关的支付责任。

既然派遣方才是支付主体，那么是不是跟用工单位就没有任何关系了呢？其实并非如此，劳务派遣方与用工方的关系一直处于一种动态的平衡中，这也是一个渐进式发展的过程。初期，劳务派遣公司在发生劳动争议后，积极履行了赔付义务，但是随着用工量的加大，劳动争议的赔偿频率和赔付金额逐步加大，劳务派遣方发现这项业务所带来的收益并不像估计中的乐观，反而出现了入不敷出的情况，造成了大量劳务派遣公司的亏损，劳务派遣方有压缩业务的意愿。但是，这种业务在劳务市场逐步成为一种刚性需求，大多数企业都愿意通过劳务派遣的形式解决用工短缺的问题，这就促使双方进行积极协调。协商的结果分为两种：一种是双方约定相关的责任由派遣方完全承担，根据劳动争议发生的频率和赔付的金额测算一个相对合理的费用，分摊到劳务派遣管理费中。这种情况下，如果没有赔付的情况出现，则提高的管理费成为劳务派遣方的收益，用工方会有额外多支付了费用的心理，但当提高的管理费用不足以弥补劳动争议所产生的赔偿时，派遣方会再次出现亏损，派遣方的积极性再次被打击。这就出现了第二种情况，即双方约定相关的责任仍由派遣方完全承担，但用工方作为实际承担主体，按照实报实销的形式来支付相关赔偿或补偿，双方在劳务派遣协议中对上述情况进行约定。

2. 用工方在劳务派遣协议中应承担的项目有下面几项。

（1）执行国家劳动标准，提供相应的劳动条件和劳动保护。

（2）告知劳务人员工作要求和劳动报酬；劳务人员的劳动报酬按照同工同酬原则，实行与本单位同类岗位的劳动者相同的劳动报酬分配办法。

（3）支付加班费、绩效奖金，提供与工作岗位相关的福利待遇。

（4）对劳务人员进行工作岗位所必需的培训；与劳务人员签订依法制定的《岗位守则》。

（5）负责劳务人员岗位生产的组织和管理，进行日常和年度考核，并向用人单位提供考核情况。连续用工的，实行正常的工资调整机制。

（6）负责承担劳务人员的劳动报酬，并按月结算给用人单位。

（7）负责承担国家和当地政府规定的应由企业负担的社会保险、住房公积金等费用，并按月结算给用人单位。

（8）负责承担劳务人员的员工体检和女工妇检费用，按纳入员工体检和女工妇检的实际人数和行业下达的标准进行结算，在每年体检工作全部完成后结算给用人单位。

（9）劳务人员在提供劳务期间，因病或非因工死亡、因工伤亡、医疗期内、女工"三期"内等有关待遇，按照规定应由用人单位负担的费用，按实际发生的数额结算给用人单位。

（10）劳务人员在提供劳务期间发生工伤事故，由用工单位立即组织抢救，及时通知用人单位。用工单位按照有关规定协助做好工伤事故调查处理工作，协助用人单位申报工伤认定、劳动能力鉴定。用工单位和用人单位共同做好工伤事故的劳务人员直系亲属的来访接待和善后工作。

（11）用工单位退回劳务人员给用人单位时，承担按国家和省里的有关规定应支付给劳务人员的经济补偿金、医疗补助费、一次性伤残就业补助费、一次性工伤医疗补助费等费用，并及时划拨到用人单位的账户。

（12）劳务人员在提供劳务期间，因用工单位生产经营原因暂时不能安排工作的，用工单位按照国家和省有关最低工资标准规定支付劳务人员停工期间的工资，及时划拨到用人单位的账户。

（13）积极配合用人单位做好残疾人就业安置工作，承担国家和当地政府规定应由用人单位支付的残疾人就业保障金。

派遣方和用工方对包括而不限于的上述情况逐一进行约定和规范后，能够解决双方在劳务派遣过程中容易产生的争议，也确保了劳务派遣工的合法和正当权益。

回归到本案例，这里派遣方是执行主体，而用工方是实际承担主体，因黄某某死亡而产生的供养直系亲属一次性救济金应该由用人单位支付，而由用工单位实际承担。

第四部分：管控分析

一、法律方面

职工非因工死亡后，其遗属有权主张丧葬补助费、供养直系亲属一次性救济金、一次性抚恤金。其中，丧葬补助费和一次性抚恤金由社会保险基金支付，供养直系亲属一次性救济金由企业支付。

二、企业方面

为了减少派遣方和用工方双方对权利和义务的误解，降低沟通的成本，双方在建立劳务派遣关系之初就应该签订完备的劳务派遣协议，明确双方的权利和义务，根据《中华人民共和国劳动法》《中华人民共和国劳动合同法》《中华人民共和国民法典》《劳务派遣暂行规定》等有关法律法规规定，按照平等互利的原则，双方经协商一致，就劳务派遣用工相关事项达成共识。双方共同遵守，在协议履行期间如有未尽事宜或实施中有新的法律法规，双方本着依法和诚信友好的精神，共同协商解决，必须以文字说明的事项，用补充协议约定。补充协议作为协议之附件，与劳务派遣协议一样具有同等法律效力。协议生效后，双方不得单方无故终止，任何一方因故需要提前解除协议，应提前一个月通知对方，与对方共同协商解决。协议履行过程中，如发生争议，双方协商解决，协商无效，双方均有权向有管辖权的人民法院提起诉讼。

三、劳动者方面

劳动者在利益受到损害时准确掌握利益主张对象能够高效保障自身利益，在直接主张方没有承担能力的情况下，准确找到关联方也不失为确保自身利益的有效方式。在劳务派遣用工形式中，派遣方（即用人单位）作为主体身份，与劳动者建立劳动关系，依法向劳动者发放工资、缴纳社保，履行各类涉及劳动争议的经济补偿和赔偿责任。在本案例中，只能是由 H 公司承担相应的支付工作。

本案中的 GG 公司、GS 公司是用工单位，用工单位是在劳务派遣协议中，接受劳务派遣用工的单位，用工单位与劳务派遣工不存在劳动关系，因此不能以主体身份履行相关的支付责任，但是作为关联方，劳动者可以向其追诉相关权益。

第五部分：案例总结

一、问题精要

劳务派遣工黄某某非因工死亡后，企业需要承担其相关的补偿责任，涉及丧葬补助费、供养直系亲属一次性救济金、一次性抚恤金，主要是供养直系亲属一次性救济金支付问题，以及究竟是由用工单位还是用人单位承担的问题。

二、管理精要

人力资源管理部门在处理社保相关问题时应该时刻做到细致、全面，企业要深化社保管理制度，用好社会保险政策，理清用工关系，避免不必要的损失，也不得逃避应负的责任，企业和职工的利益同等重要。

第五章

综合类

满十年要求签订无固定期限劳动合同，单位未依法订立被认定违法解除案

——蒋某劳动争议案

第一部分：案例详解

案例：蒋某劳动争议案。

判词：员工工作满十年提出签订无固定期限劳动合同的要求，单位未依法订立且终止双方的劳动合同，被认定为违法解除。

案例详情

一、案由

无固定期限劳动合同争议。

二、当事人

劳动者：蒋某，男，汉族。

用人单位：H 公司（案外人：广东省劳动协调指导中心、华南公司）。

用工单位：D 公司。

三、基本案情

劳动者蒋某主张其自 2008 年 1 月 1 日起先后与广东省劳动协调指导中心（以下简称"省劳协"）、华南公司、H 公司签订劳动合同，并被上述公司劳务派遣至 D 公司工作。根据蒋某最后与 H 公司签订的劳动合同，H 公司继承蒋某在省劳协、华南公司派遣期间的工作年限。截至 2017 年 12 月 31 日，蒋某一直在 D 公司工作，工作时间已满 10 年。2017 年 12 月 28 日，蒋某向 H 公司提出申请，要求与 H 公司签订无固定期限劳动合同，但 H 公司拒绝签订并与其解除劳动合同。同时，蒋某主张 2017 年 H、D 两公司未安排其休年休假，根据《企业职工带薪年休假实施办法》有关规定，H、D 两公司应按照蒋某日工资收入的 300% 支付未休年休假工资报酬。

四、裁判结果

（一）仲裁阶段

1. 仲裁请求。2018 年 4 月 18 日，蒋某以 H 公司及 D 公司为被申请人向某劳动人事争议仲裁委员会（以下简称"仲裁委"）申请劳动仲裁。仲裁请求如下：①请求确认两被申

第五章 综合类

请人向申请人支付2017年未休年休假工资三倍工资4×××元;②请求依法裁决两被申请人向申请人支付违法解除劳动关系的赔偿金1×××××元(6×××元×10个月×2倍);③确认H公司与申请人2008年1月1日至2017年12月31日期间存在劳动关系;④两被申请人共同承担连带责任。

2. 仲裁委认定情况。

(1) 关于未休年休假工资问题。由于蒋某当庭确认H公司已将未休年休假工资足额支付,因此蒋某诉求2017年未休年休假工资缺乏事实基础,仲裁委不予认定。

(2) 关于工作年限问题。根据蒋某提供的证据,自2008年1月1日起,蒋某先后与案外人省劳协、华南公司签订若干份劳动合同,并被上述公司劳务派遣至D公司工作。2014年1月,蒋某与H公司签订劳动合同,仍被劳务派遣至D公司工作,合同期限至2015年12月31日,合同约定H公司继承蒋某在省劳协、华南公司派遣期间的工作年限。2015年12月30日,蒋某与H公司签订变更劳动合同协议书,变更合同期限为2014年1月1日至2017年12月31日。

因此,仲裁委认定H公司承继蒋某自2008年1月1日起由省劳协、华南公司派遣至D公司的工龄,与蒋某2014年1月1日起由H公司派遣至D公司的工龄合并计至2017年12月31日,视为蒋某在H公司处工作连续满十年。

(3) 关于劳动合同终止问题。根据《中华人民共和国劳动合同法》第十四条规定,劳动者在用人单位连续工作满十年的,劳动者提出或者同意续订、订立劳动合同的,除劳动者提出订立固定期限劳动合同外,应当订立无固定期限劳动合同。仲裁委认定本案第一被申请人 H 公司收到申请人要求签订无固定期限劳动合同申请后，并未依法与申请人签订无固定期限劳动合同，而是与申请人协商将劳动合同期限延长至 2019 年 12 月 31 日，在协商不成后，未依法与申请人签订无固定期限劳动合同，故双方的劳动合同的终止是因被申请人违反法定义务不签订无固定期限劳动合同而导致的。根据《中华人民共和国劳动合同法》第八十七条的规定，第一被申请人 H 公司应支付申请人违法解除劳动合同的赔偿金。

（4）双方劳动关系确认问题。本案第一被申请人 H 公司虽承继申请人蒋某与案外人省劳协、华南公司存在劳动关系期间的工龄，但 H 公司直至 2014 年 1 月 1 日方才与蒋某签订劳动合同，蒋某要求确认与 H 公司 2008 年 1 月 1 日至 2013 年 12 月 31 日期间存在劳动关系缺乏事实依据，仲裁委不予支持。

（5）两被申请人共同承担连带责任问题。本案第二被申请人 D 公司是申请人蒋某的用工单位，与蒋某无任何劳动关系，蒋某要求 D 公司连带支付违法终止劳动合同的赔偿金，于法无据，仲裁委不予支持。

3. 仲裁裁决。仲裁委于 2018 年 7 月作出仲裁裁决书，裁决如下：

（1）确认蒋某与 H 公司 2014 年 1 月 1 日至 2017 年 12 月 31 日期间存在劳动关系。

（2）本裁决生效之日起三日内，H 公司一次性支付蒋某违法解除劳动合同的赔偿金 1××××× 元。

（3）驳回申请人其他仲裁请求。

第五章 综合类

（二）一审阶段

1. 仲裁裁决后，H公司不服，向某人民法院（以下简称"法院"）提起诉讼。

2. 一审判决。法院于2019年4月作出民事判决书，判决如下：

（1）驳回原告H公司的诉讼请求。

（2）确认原告H公司与被告蒋某在2014年1月1日至2017年12月31日存在劳动关系。

（3）原告H公司应于判决生效之日起七日内向被告蒋某支付违法解除劳动合同赔偿金1×××××元。

（三）二审阶段

1. 一审判决后，H公司不服，向某中级人民法院（以下简称"中院"）提起上诉。

2. 二审判决。中院于2019年8月作出民事判决书，判决如下：驳回上诉，维持原判。

第二部分：涉及法律条文及案例对应分析

一、未休年休假工资问题

《职工带薪年休假条例》第五条规定："单位根据生产、工作的具体情况，并考虑职工本人意愿，统筹安排职工年休假。年休假在1个年度内可以集中安排，也可以分段安排，一般不跨年度安排。单位因生产、工作特点确有必要跨年度安排职工年休假的，可以跨 1 个年度安排。单位确因工作需要不能安排职工休年休假的，经职工本人同意，可以不安排职工休年休假。对职工应休未休的年休假天数，单位应当按照该职工日工资收入的 300% 支付年休假工资报酬。"

根据前述法条规定，如本案中蒋某确实未休年休假，用人单位应该支付其日工资收入的 300% 工资作为赔偿。

二、关于无固定期限劳动合同问题

《中华人民共和国劳动合同法》第十四条规定："无固定期限劳动合同，是指用人单位与劳动者约定无确定终止时间的劳动合同。用人单位与劳动者协商一致，可以订立无固定期限劳动合同。有下列情形之一，劳动者提出或者同意续订、订立劳动合同的，除劳动者提出订立固定期限劳动合同外，应当订立无固定期限劳动合同：（一）劳动者在该用人单位连续工作满十年的。"

根据前述法条规定，本案中蒋某与 H 公司签订的劳动合同约定承继蒋某在省劳协、华南公司的工作年限，视为蒋某在 H 公司工作连续满十年，因此双方符合签订无固定期限劳动合同的条件，故在蒋某于双方劳动合同期满前明确提出与 H 公司订立无固定期限劳动合同的前提下，H 公司应当与蒋某订立无固定期限劳动合同。

三、关于违法解除劳动合同问题

《中华人民共和国劳动合同法》第四十八条规定："用人单位违反本法规定解除或者终止劳动合同，劳动者要求继续履行劳动合同的，用人单位应当继续履行；劳动者不要求继续履行劳动合同或者劳动合同已经不能继续履行的，用人单位应当依照本法第八十七条规定支付赔偿金。"

根据前述法条规定，蒋某在双方劳动合同到期终止前向H公司提出签订无固定期限劳动合同的要求，H公司在收到蒋某提出的要求时应该与蒋某签订无固定期限劳动合同，但H公司未依法与蒋某签订无固定期限劳动合同，且在劳动合同到期后终止了双方的劳动合同，此行为构成违法终止劳动合同。鉴于蒋某未提出继续履行劳动合同的要求，故H公司应向蒋某支付违法解除劳动合同的赔偿金。

四、关于赔偿金标准问题

1.《中华人民共和国劳动合同法》第四十七条规定："经济补偿按劳动者在本单位工作的年限，每满一年支付一个月工资的标准向劳动者支付。六个月以上不满一年的，按一年计算；不满六个月的，向劳动者支付半个月工资的经济补偿。劳动者月工资高于用人单位所在直辖市、设区的市级人民政府公布的本地区上年度职工月平均工资三倍的，向其支付经济补偿的标准按职工月平均工资三倍的数额支付，向其支付经济补偿的年限最高不超过十二年。本条所称月工资是指劳动者在劳动合同解除或者终止前十二个月的平均工资。"

2.《中华人民共和国劳动合同法》第八十七条规定："用人单位违反本法规定解除或者终止劳动合同的，应当依照本法第四十七条规定的经济补偿标准的二倍向劳动者支付赔偿金。"

依据上述法律条文规定,本案蒋某离职前12个月的月平均工资为6×××元,且蒋某在H公司的工作年限如前所述,视为10年,据此,H公司应向蒋某支付赔偿金1×××××元(6×××元×10个月×2倍)。

第三部分:问题剖析

一、蒋某案例的主体定性问题

蒋某案例涉及的问题主要包括无固定期限劳动合同、违法解除或者终止劳动合同的法律后果、赔偿金标准三个方面,其中的核心问题是无固定期限劳动合同问题。

争议的焦点是蒋某是否具备与H公司之间签订无固定期限劳动合同的条件,本案例有三个关键事实需要注意。

1. 由于H公司与蒋某约定承继蒋某在案外人处工作的全部时间,因此视为蒋某在H公司工作已满十年,即这十年既包括蒋某在案外人处工作的时间,也包括其在H公司工作的时间。

2. 在双方劳动合同到期前,蒋某已向H公司提出签订无固定期限劳动合同的要求。

3. H公司在蒋某提出签订无固定期限劳动合同后未依法与蒋某签订无固定期限劳动合同,并在劳动合同到期后终止了与蒋某的劳动合同。

根据《中华人民共和国劳动合同法》相关规定,H公司在接到蒋某提出签订无固定期限劳动合同要求后，应依法与蒋某订立无固定期限劳动合同，但 H 公司反而在劳动合同到期后终止了与蒋某的劳动关系，明显构成违法解除。

二、蒋某案例涉及问题的原因分析

这里的分析仅代表研究者个人的判断，仅用作研究和交流，以期帮助企业规范管理提供决策的思路。

1. 企业使用劳务派遣工的原因。首先，企业为什么会使用劳务派遣工？为什么不使用合同制员工？在我国旧的计划经济体制下，国有企业实行"定岗定编定员定资"。在新的经济条件下，用工需求量大增，对于央企、国有企业和事业单位，用工是有严格编制限制的，这些企业有工作任务，但没有空余编制，所以就采取劳务派遣用工作为临时过渡的方式，结果被国有企业大量使用后，成为一种普遍用工形式，尾大不掉，越来越难以取消了。企业如何管理用工？有三种形态，一是养人用人，二是养人而不用人，三是不养人而用人。对于企业来说，工人不养而用是上上之策。实行劳务派遣制，使用人单位在工人使用上"不求所有，但求所用"这种用人理念得以实现，派遣用工使用的数量越多，企业获得的利益就越大。

2. 为什么劳务派遣公司不愿意与劳务派遣工签订无固定期限劳动合同？

劳务派遣公司不想与劳务派遣工签订无固定期限劳动合同，自然是为了自身利益考虑，因为签订无固定期限劳动合同后，不存在劳动合同期满而终止这一法定形式。员工工作年限越长，企业在解除劳动合同时要支付的经济补偿也就越多。劳务派遣公司是用人单位，但实际只收取了用工单位管理费，如果与劳务派遣工签订无固定期限的劳动合同，那么，当被派遣单位出现停止用工的情况，劳务派遣公司实际上是没有支付经济补偿金的能力的，即便按照当地最低工资标准支付给劳务派遣工，劳务派遣公司也很难维持。

3. 为什么现在劳务派遣公司愿意签订无固定期限劳动合同？

劳务派遣市场经过近40年的发展，至2021年大致经历了四大重要的历程。

（1）萌芽阶段。劳务派遣作为一种非典型性雇佣安排，早于20世纪70年代末80年代初进入我国，主要用于解决随着改革开放政策的实施，大量外企涌入国内的国际劳务合作和外资企业用工问题。由于处于初期阶段，劳务派遣并未有完整的制度，且仅在小范围存在，规模非常小。

（2）兴起阶段。20世纪90年代，随着国有企业改革实施，为了促进再就业和劳动力过剩问题，国家和各地政府开始积极鼓励建立劳务派遣公司。劳务派遣开始兴起。

（3）发展跃进阶段。21世纪初，市场经济繁荣，民营经济快速发展，农民工转移至城镇就业，加之《中华人民共和国劳动合同法》出台，劳务派遣制度正式确立。劳务派遣开始在国内盛行。根据报告数据显示，到2010年年底，国内劳务派遣职工已经达到6000万人。按照国内职工总人数大约3亿人来计算，劳务派遣职工达到职工总人数的20%。而国外劳务派遣一般在2%～3%。

（4）稳定或收缩阶段。2012年国家对《中华人民共和国劳动合同法》进行了修订，并在2014年出台《劳务派遣

第五章
综 合 类

暂行规定》，首次对劳务派遣岗位"三性"进行界定，同时提高了企业注册资本、规范企业经营场所和设施，提高了劳务派遣公司的进入门槛，并要求用工单位必须在2016年3月1日前将派遣用工比例降至10%以内。虽然制度更加规范，但在一定程度上放缓了劳务派遣的发展速度。

  随着国家对劳务派遣用工的规范，企业政策也有一个逐步转变的过程。为什么现在劳务派遣公司同意签订无固定期限劳动合同了？实际上是在国家法律出台后企业进行的政策调整，用工单位承担起了经济补偿的风险，在与劳务派遣单位签订的劳务派遣协议中明确了这部分费用由用工单位支付，故劳务公司才愿意签订无固定期限的劳动合同。

  国家法律在劳务派遣用工方面逐步完善之后，尤其是在限制用工总量之后，许多企业陆续出台了一些择优录取的政策，对于表现优秀、工作出色的劳务派遣工择优录取为劳动合同制职工。企业的这种操作比劳务派遣单位和劳务派遣工签订无固定期限劳动合同更有意义。劳务派遣工转为正式职工，本身就是一种身份的认同，提高了劳务派遣工的归属感，使劳务派遣工对企业更有感情，劳动也会更有价值。党的十九大报告指出，我国社会的主要矛盾已经转化为人民日益增长的美好生活需要和不平衡不充分的发展之间的矛盾。由过去强调的生产力的落后，到今天所强调的发展的不平衡不充分，可以得出解决目前国内社会的矛盾，就是要解决社会各方面的不平衡、发展不充分的问题。劳务派遣工实现转正、实现同工同酬，本质上讲就是解决社会存在的不平衡、发展不充分的问题。国有企业是社会主义国家的产业支柱，不仅享有充足的国家资源，在相关行业也具有垄断优势，企业要转变观念，顺应时代，走在前头。

三、法律法规未竟之事宜

《中华人民共和国劳动合同法》规定，劳动者在用人单位连续工作满十年，或连续订立二次固定期限劳动合同，应订立无固定期限劳动合同。有些单位为了自身利益，花招频出，采取让老员工重新入职、为劳务派遣工频换派遣公司等方式，这就侵犯了劳动者的权益，踩踏了法律红线。本案中，蒋某 2008 年 1 月 1 日至 2017 年 12 月 31 日一直都被派遣至同一个用工单位工作，中间换了三家用人单位，签了三份劳动合同，但都是派遣到同一个用工单位，也就是以上提到的单位为了自身利益，采取为劳务派遣工频换派遣公司的方式侵犯劳动者的权益。本案虽基于蒋某劳动合同中的约定，即 H 公司承继蒋某与前两家公司存在劳动关系期间的工龄，确认了蒋某在 H 公司的十年工龄，但对于双方劳动关系的确认则仅限于双方劳动合同的时间，即 2014 年 1 月 1 日至 2017 年 12 月 31 日。如果劳动者与用人单位签订的合同中没有明确承继工龄的约定，那么劳动者的利益将更加难以得到保障。

第四部分：管控分析

一、法律方面

用人单位要遵守相关法律法规，对于符合法定签订无固定期限劳动合同条件的要及时给予办理，不能为了自身利益罔顾劳动者权益。

二、公司方面

一是不能把订立无固定期限劳动合同当成企业的包袱。无固定期限劳动合同并不是永远不能终止，根据《中华人民共和国劳动合同法》第十四条规定，无固定期限劳动合同，是指用人单位与劳动者约定无确定终止时间的劳动合同。只要没有出现法律规定的条件或者双方约定的条件，双方当事人就要继续履行劳动合同规定的义务。但是，一旦出现了法律规定的情形，无固定期限劳动合同也同样能够解除。根据《中华人民共和国劳动合同法》第三十九条和《中华人民共和国劳动合同法实施条例》第十九条的相关规定，劳动者出现一些过错情形的，用人单位也可以与劳动者解除无固定期限劳动合同。用人单位完善绩效考核制度，严格依法行事，也一样能有效管理已经签订无固定期限劳动合同的劳动者。

二是在与劳动者签订劳动合同时，合同条款要约定清楚。本案中，H公司在与劳动者签订的劳动合同中约定了

"H公司承继劳动者在另外两家公司的工作年限",但没有对承继年限的作用进行明确,H公司认为该条款只适用于计算经济补偿金,而不适用于计算订立无固定期限劳动合同的工作年限。在没有约定清楚的情况下,根据《中华人民共和国合同法》的相关规定,对该工作年限的解释应作出不利于制定格式合同一方即H公司的解释。

三、劳动者方面

《中华人民共和国劳动合同法》《中华人民共和国劳动合同法实施条例》《劳务派遣暂行规定》都对劳动者在派遣过程中的权利和义务做了明确规定,劳动者在被派遣过程中可以严格对照上述法律法规确保自身利益得到保证,一旦感觉自身权益受到侵犯,应该主动与用工方和劳务派遣方进行积极沟通,并主张权利,遇到无法准确把握的状况可以求助专业法律咨询和申请法律援助。

第五部分:案例总结

一、问题精要

蒋某案例涉及的问题主要包括无固定期限劳动合同、违法解除或者终止劳动合同的法律后果、赔偿金标准三个方面,其中的核心问题是无固定期限劳动合同问题。

二、管理精要

达到法定签订无固定期限劳动合同条件的，在劳动者提出签订无固定期限劳动合同的要求后，单位应依法签订无固定期限劳动合同，劳动合同到期后单位单方面终止劳动合同的属于违法解除。

劳动合同到期后,单位未办理终止或续订手续,双方形成事实劳动关系案

——沈某劳动争议案

第一部分:案例详解

案例:沈某劳动争议案。

判词:劳动合同到期后,用人单位未及时办理终止或续订劳动合同手续,双方形成事实劳动关系,因未签订新的书面劳动合同被认定支付劳动者双倍工资。

案例详情

一、案由

未签订书面劳动合同争议。

二、当事人

劳动者：沈某，女，汉族。
用人单位：G 公司。

三、基本案情

劳动者沈某主张其于 2002 年 7 月入职 G 公司，职务为会计师，2004 年 11 月沈某被诊断为"精神分裂症"，自其患病起至 2018 年 12 月一直未回 G 公司上班。2008 年 8 月 22 日，双方就沈某工资及非工伤医疗待遇问题达成协议，约定由 G 公司每月向沈某支付工资、办理医疗等社会保险手续，以及每两个月一次按照 80% 的比例报销沈某交来的医疗费发票，直至沈某所患疾病完全康复为止。

双方签订有两期劳动合同，最后一期为 2007 年 7 月 25 日至 2017 年 7 月 24 日，2017 年 7 月 25 日起双方未续签劳动合同，但 G 公司仍一直按月支付沈某工资。

2018 年 12 月，沈某向 G 公司提交 2017 年 6 月至 2018 年 9 月的医疗费发票，G 公司以内部电报文件"从 2017 年 3 月 1 日起，驻粤医保移交广州市医保局管理，根据《广州市社会医疗保险就医及个人账户管理办法》的相关规定，在广州以外就医的均需要办理异地就医确认和门诊指定慢性病待遇确认手续，否则外地看病发生的医疗费用不予报销"的规定为由拒绝为沈某报销。

四、裁判结果

（一）仲裁阶段

1. 仲裁请求。2018年12月24日，沈某以G公司为被申请人向某劳动人事争议仲裁委员会（以下简称"仲裁委"）申请劳动仲裁。仲裁请求如下：①G公司按广州市同期最低工资的标准2100元补发其2018年7月至2019年2月期间的工资差额×××元；②G公司支付2017年8月25日至2018年7月24日未签订劳动合同的额外一倍工资2×××元；③G公司支付2017年6月12日至2018年9月6日期间的医疗费1×××元。

2. 仲裁委认定情况。

（1）工资问题。按照《广东省工资支付条例》第二十四条规定，用人单位支付的病伤假期工资不得低于当地最低工资标准的80%。广州市职工最低工资标准为2100元，因此，G公司每月支付沈某的工资不得低于1680元。

而根据G公司提供的2017年1月至2018年12月期间的生活补贴（即工资）明细表所载内容可见，沈某2018年7月起应发工资的数额均已高于1680元。因此，沈某要求按广州市同期最低工资的标准2100元补发工资差额依据不足，仲裁委不予支持。

（2）未签订劳动合同的额外一倍工资问题。沈某和G公司的劳动合同于2017年7月24日期满终止后，G公司至本案发生时仍按月支付沈某工资（即生活补贴），因此认定沈某至今仍是G公司的员工。根据《中华人民共和国劳动合同法》第十条、第八十二条规定，双方应在一个月内签订书面劳动合同，但 G 公司未履行此法定义务，因此 G 公司应支付沈某未签订劳动合同额外一倍工资。因沈某于 2018 年 12 月 24 日才就此诉求提出仲裁申请，故其要求 G 公司支付 2017 年 12 月 24 日前（含该日）未签订劳动合同额外一倍工资已超过法定保护时效。综上，G 公司应支付沈某 2017 年 12 月 25 日至 2018 年 7 月 24 日期间未签订劳动合同额外一倍工资。

（3）医疗费问题。G 公司关于驻粤职工医疗保险纳入地方管理后异地就医和门诊指定慢性病报销事项未履行充分告知义务，且没有对双方 2008 年 8 月签订的涉及沈某工资及非工伤医疗待遇问题的"协议书"内容作出修改或者重新签订，并仍然按照"协议书"的约定向沈某支付生活补贴（即工资）至今，因此沈某要求 G 公司按"协议书"的约定报销其医疗费于法有据，仲裁委予以支持。

3. 仲裁裁决。仲裁委于 2019 年 4 月作出仲裁裁决书，裁决如下：

（1）本裁决书生效之日起三日内，被申请人一次性支付申请人 2017 年 12 月 25 日至 2018 年 7 月 24 日期间未签订劳动合同的额外一倍工资 1××××元。

（2）本裁决书生效之日三日内，被申请人一次性支付申请人医疗费 1××××元。

（3）驳回申请人其他仲裁请求。

（二）一审阶段

1. 仲裁裁决后，G 公司不服，向某人民法院（以下简称"法院")提起诉讼。

2. 一审判决。法院于 2019 年 11 月作出民事判决书,判决如下:

(1) 驳回原告 G 公司的诉讼请求。

(2) 原告 G 公司于本判决发生法律效力之日起三日内一次性支付 2017 年 12 月 25 日至 2018 年 7 月 24 日期间未签订劳动合同的额外一倍工资 1××××元给被告沈某。

(3) 原告 G 公司于本判决发生法律效力之日起三日内一次性支付医疗费 1××××元给被告沈某。

(三) 二审阶段

1. 一审判决后,G 公司、沈某均不服,分别向某中级人民法院(以下简称"中院")提起上诉。

2. 二审判决。中院于 2020 年 6 月作出民事判决书,判决如下:驳回上诉,维持原判。

第二部分:涉及法律条文及案例对应分析

一、关于工资问题

1.《广东省工资支付条例》第二十四条规定:"劳动者因病或者非因工负伤停止工作进行治疗,在国家规定医疗期内,用人单位应当依照劳动合同、集体合同的约定或者国家有关规定支付病伤假期工资。用人单位支付的病伤假期工资不得低于当地最低工资标准的百分之八十。法律、法规另有规定的，从其规定。"

2.《广东省工资支付条例》第四十八条规定："因工资支付发生争议，用人单位负有举证责任。用人单位拒绝提供或者在规定时间内不能提供有关工资支付凭证等证据材料的，人力资源社会保障部门、劳动人事争议仲裁委员会或者人民法院可以按照劳动者提供的工资数额及其他有关证据作出认定。"

依据上述法律条例，用人单位支付劳动者的病伤假期工资不得低于当地最低工资标准的80%。广州市职工最低工资标准自2018年7月起调整为2100元，按上述最低工资标准的80%计得每月为1680元（2100元×80%），即本案G公司每月支付沈某的工资不得低于1680元。

根据G公司提供的发放给沈某2017年1月至2018年12月的生活补贴明细表显示，沈某获得的每月工资均高于1680元，沈某并未能就否认上述证据提供反驳依据。因此，仲裁委和法院均对于沈某要求G公司按广州市最低工资标准2100元补发2018年7月至2019年2月期间工资差额的请求不予支持。

二、关于未签订劳动合同额外一倍工资问题

1.《中华人民共和国劳动合同法》第十条规定："建立劳动关系，应当订立书面劳动合同。已建立劳动关系，未同时订立书面劳动合同的，应当自用工之日起一个月内订立书面劳动合同。用人单位与劳动者在用工前订立劳动合同的，劳动关系自用工之日起建立。"

2.《中华人民共和国劳动合同法》第八十二条规定："用人单位自用工之日起超过一个月不满一年未与劳动者订立书面劳动合同的,应当向劳动者每月支付二倍的工资。用人单位违反本法规定不与劳动者订立无固定期限劳动合同的,自应当订立无固定期限劳动合同之日起向劳动者每月支付二倍的工资。"

3.《中华人民共和国劳动争议调解仲裁法》第二十七条规定："劳动争议申请仲裁的时效期间为一年。仲裁时效期间从当事人知道或者应当知道其权利被侵害之日起计算。"

本案中,沈某和 G 公司的劳动合同于 2017 年 7 月 24 日期满终止后,G 公司未办理终止或者续订劳动合同手续,且至今仍按月支付沈某工资(即生活补贴),因此仲裁委和法院均认定双方存在事实劳动关系,沈某至今仍是 G 公司的员工。因此,按照前述法律条文规定,G 公司应当于合同到期后一个月内即 2017 年 8 月 24 日(含该日)前与沈某签订书面劳动合同,但 G 公司并未履行此法定义务。鉴于沈某 2018 年 12 月 24 日才就此提出仲裁申请,故 G 公司应支付沈某 2017 年 12 月 25 日至 2018 年 7 月 24 日期间未签订劳动合同的额外一倍工资,沈某要求 G 公司支付 2017 年 12 月 24 日前(含该日)未签订劳动合同额外一倍工资已超过一年的法定保护时效,仲裁委和法院均不予支持。

三、关于医疗费问题

《中华人民共和国劳动合同法》第四条规定:"用人单位应当依法建立和完善劳动规章制度,保障劳动者享有劳动权利、履行劳动义务。用人单位在制定、修改或者决定有关劳动报酬、工作时间、休息休假、劳动安全卫生、保险福利、职工培训、劳动纪律以及劳动定额管理等直接涉及劳动者切身利益的规章制度或者重大事项时，应当经职工代表大会或者全体职工讨论，提出方案和意见，与工会或者职工代表平等协商确定。在规章制度和重大事项决定实施过程中，工会或者职工认为不适当的，有权向用人单位提出，通过协商予以修改完善。用人单位应当将直接涉及劳动者切身利益的规章制度和重大事项决定公示，或者告知劳动者。"

根据上述法条规定，对于直接涉及劳动者切身利益的重大事项，用人单位应当充分履行告知义务。本案中，G公司根据内部文件电报"从2017年3月1日起，驻粤医保移交广州市医保局管理，根据《广州市社会医疗保险就医及个人账户管理办法》的相关规定，在广州以外就医的均需要办理异地就医确认和门诊指定慢性病待遇确认手续，否则外地看病发生的医疗费用不予报销"的规定不予报销沈某2017年6月至2018年9月的医疗发票，但因为未能提供已经充分告知沈某这一规定的证据而不被仲裁委和法院认可。

第三部分：问题剖析

一、沈某案例的主体定性问题

沈某案例涉及的问题包括工资标准、是否应支付未签订劳动合同额外一倍工资、医疗费报销三个方面，其中的核心问题是未签订劳动合同支付额外一倍工资问题。

沈某最后一期劳动合同为 2007 年 7 月 25 日至 2017 年 7 月 24 日，2017 年 7 月 25 日起双方未续签劳动合同，但直到 2018 年 12 月沈某因医疗费报销问题提起仲裁时，G 公司仍一直按月支付沈某工资。

双方劳动合同既然已于 2017 年 7 月 24 日届满，G 公司如决定与沈某到期后终止劳动关系，应及时办理终止手续，例如告知沈某到期不再续签、出具终止劳动关系证明，以及按规定支付相应的经济补偿金等；G 公司如决定续签则应在劳动合同到期后一个月之内办理续签手续，例如告知沈某到期续签、签订新的劳动合同等。但是，G 公司未办理任何终止或续签手续，却一直为沈某缴纳社保及发放工资，双方形成事实劳动关系，按照《中华人民共和国劳动合同法》"用人单位自用工之日起超过一个月不满一年未与劳动者订立书面劳动合同的，应当向劳动者每月支付二倍的工资"的规定，G 公司应当额外支付沈某一倍工资。

二、沈某案例涉及问题的原因分析

这里的分析仅代表研究者个人的判断，用作研究和交流，以期帮助企业规范管理提供决策的思路。

1. 国有企业非在岗人员情况。非在岗人员是指由于各种原因，已经离开岗位，并且不在单位从事其他工作，但仍与单位保留劳动关系的人员。国有企业将非在岗人员分为：①集体外劳人员，指由单位组织向外单位提供劳务的人员；②内部退养人员，指按照国家和总公司规定，经本人申请，单位批准后退出工作岗位,并签订了内部退养协议,在办理正式退休手续前仍由单位支付生活费的人员;③长期休假人员,指劳动关系在本单位,但离开工作单位连续休假六个月及以上的人员;④内部下岗人员,指按照单位竞争上岗条件、办法和程序,未能竞争上岗,已经离开本人工作岗位,也不在本单位从事其他工作的人员;⑤个人外出劳务,指个人与单位签订外出劳务协议仍与单位保留劳动关系的人员;⑥派往集经人员,指派往集体经济企业工作但仍与原单位保留劳动关系的人员。

为什么会存在非在岗人员管理?为什么会出现这么多种类型的非在岗人员,而且比例还这么高?

产生非在岗人员的原因:一是企业改制需要精简机构和人员,一部分职工失去岗位,下岗等待安置;二是企业资源整合,一些竞争力不强的老企业,由于历史包袱重,面临破产、关、停、并、转,企业为了压缩人员,将年龄大的人员离岗退养,在没有达到退休年龄的情况下,出现内部退养;三是主辅分离后,企业辅业由于没有生产任务,一时难以安置专业性的员工,又出现了新的挂靠人员、协议保留劳动关系的人员,同时还有个别工伤患病无法工作的职工。

2. 什么会有长期病假存在?

什么是长期病假(以下简称"长病")?顾名思义,也就是企业员工长时间请病假的。为什么企业能容忍长期病假,可以长时间去养一个没有付出劳动的人?深入研究后发现,这里面既有政策性因素,也有个人因素的影响,需要具体分析。

沈某所属的企业是国企,20世纪90年代,该企业所在行业大力推行"减员增效"政策。"减员增效"是行业的一项重大战略举措，是一项重要经营目标，在此前提下，作为安置富余人员、实现减员目标、促进建立竞争上岗用工机制的主要措施，提出了相应的具体实施办法。在政策的执行过程中由于对政策的理解存在偏差，也存在急于求成的思想，行业对下属企业均下达了硬性的减员指标，有的甚至采取了"一刀切"的方式。由于政策执行的刚性，为了完成行业主管部门的任务，基层单位在操作过程中衍生出现"内部退养""个人外出劳务""集体外出劳务""长病长学"等多种形式，这些形式能够有效地减少在岗人员，完成用工数量的控制指标。这就是政策性因素。

　　在上述几类能够减少用工，实现任务指标的形式中不可避免又产生审批不严，打擦边球的情况，因而在政策性因素的影响下，又产生了个人因素，即政策执行人员对政策理解和政策执行尺度偏差的问题。部分"长病人员"本身没有太严重的病，既享受着政策的利好，又可以自谋生计，赚取额外的收益。

　　根据国家就业和再就业的政策，随着形势的发展和企业经营目标、战略的变化，尤其是上述政策所带来的种种问题，所引发的不稳定因素，引起了行业主管部门的高度重视，要求重新规范相关制度。首先要求下属企业转变指导思想，不能把"内部退养"等政策作为对员工退出工作岗位的激励政策，也不能简单地作为减员"一刀切"的行政手段，更不能作为对员工的惩处手段。因此，随着政策的收紧，对原来享受政策的各类人员进行清查时发现，大量不符合相关政策的人员涌现出来，本案例中的沈某就是其中之一。

第五章 综合类

在清理后,为什么仍然存在这种情况?这仍存在人为因素。虽然政策的口子收窄了,但是前期操作造成的存量人员难以短期内消除,并且对待存量人员,各单位采取的措施又不一样。有的采取"老人老政策,新人新政策",虽然严控了新增人员,但存量消除没有根本性改观。之所以采取"老人老政策",主要是很多操作是由前任造成的,管理者出于本位主义考虑,不想也不愿意去管,认为多一事不如少一事,宁可睁一只眼闭一只眼,因此在用工管理规范的落实上大打折扣,造成"小病大养",甚至"没病装病"的现象屡禁不止。而有的单位严格按照行业的要求,收紧了审批的口子,同时对历史问题进行清查。但是,由于前期存量的人过多,清查难度相对较大,又涉及复杂的人际关系,处理起来非常棘手,有的联系不到本人,有的还引发群访事件,而国企对稳定问题有较为严厉的考核制度,参与处理的同志面对复杂的情况常常处于非常被动的状态,事件拖得很久,很多就不了了之。

3. 沈某未续签劳动合同的原因。这完全是由于对企业非在岗人员管理不规范造成的。经调查发现,企业存在各种不规范行为。

(1) 考勤管理不规范。考勤既是计发工资的依据,也是用工管理的基础。许多非在岗人员的管理问题都是始于考勤管理不严格、不规范。近年来,沈某所在总公司相继下发了《××公司关于进一步加强考勤工作的通知》和《关于进一步规范考勤管理工作的通知》,对考勤管理的各项工作都有明确的规定和要求。但是,部分分公司对考勤工作不重视,文件制度执行不到位,不同程度地出现了虚假考勤、随意批假、考勤与实际不符、考勤审核不严、考勤代签等现象。一是虚打考勤。例如某部门在未经总公司批准的情况下安排职工黄某某长期在×××联防工作，考勤照打、工资照发；某部门两名职工实际为非在岗，考勤连续数月打"迟到"。二是假期管理不严。按照规定，职工每年最长只能休 15 天年休假。但某部门一名职工在 2 月只有 29 天的情况下，经部门领导批准竟连续休年休假 31 天。三是考勤与实际不符。某部门职工何某，单位批准其休事假，而考勤表上却打"停"和"旷"。

（2）劳动合同解除不规范。一是对个人外出劳务人员处理不到位。根据《××劳动用工管理实施办法》要求，取消个人外出劳务，对已办理外出劳务手续的人员应劝其返岗，对未返岗者按旷工解除劳动合同。但至今××单位、××单位仍各有 1 名外出劳务人员未复岗或解除合同。二是对长期旷工人员处理不及时。××等 7 个单位，存在长期旷工人员较多且处置不力的问题，对长期旷工人员未严格执行"连续旷工 15 天、累计旷工 30 天予以解除合同"规定。如××单位马某某因未恢复副科级岗位进行复岗安置，2017 年以来一直未上班，单位也未做处理；××单位有长期旷工人员 12 人未及时办理复岗或解除合同。三是对被追究刑事责任人员处理不到位。××单位钟某某 1995 年 1 月被判有期徒刑 10 年、黄某某 2001 年被判有期徒刑 19 年，但均未按要求与其办理解除劳动合同手续。

（3）长病人员管理不规范。一是长病人员"门槛"偏低。部分长病人员所患病种为高血压、糖尿病、抑郁症、腰椎间盘突出、神经衰弱、乙肝等非重大疾病，既没有病情严重程度的说明,也没有提供对长病人员家访、慰问、调查核实等材料,单位将其列为长病人员管理依据不充分、缺乏说服力。二是病情鉴定执行不到位。部分单位没有严格落实每半年组织病情鉴定的要求,没有定期对长病人员进行走访,缺少对长病人员疾病恢复情况的了解。有的甚至是在办理完长病手续以后就再不过问,存在"一病管终身"的现象。三是长病人员管理基础工作薄弱。有的单位台账资料不齐全,缺少职工个人申请书面材料、疾病诊断证明书、单位走访情况、每半年病情复查记录等。

企业对于非在岗人员的管理过于混乱,这就是引发沈某劳动争议案的根本原因。

第四部分:管控分析

一、法律方面

劳动者劳动合同到期,用人单位应根据《中华人民共和国劳动法》《中华人民共和国劳动合同法》履行相关义务,及时办理终止或者续订劳动合同手续。

二、公司方面

应从以下几个方面规范管理。
1. 加强对劳动合同到期的监控。
(1)劳动合同管理可以运用技术手段设置期限届满提前

提醒,比如提前一个月提醒通知。

(2) 在劳动合同期限届满之前,决定是否续订,同时征求员工意见。根据对《中华人民共和国劳动合同法》第四十六条规定的理解,劳动合同期满时,用人单位同意续订劳动合同,且维持或者提高劳动合同约定条件,劳动者不同意续订的,劳动合同终止,用人单位可不支付经济补偿;如果用人单位同意续订劳动合同,但降低劳动合同约定条件,劳动者不同意续订的,劳动合同终止,用人单位应当支付经济补偿;如果用人单位不同意续订,无论劳动者是否同意续订,劳动合同终止,用人单位应当支付经济补偿。

(3) 如果双方达成一致续签合同,应当及时签订书面劳动合同,最晚在劳动合同到期后一个月内签订。

(4) 如果用人单位决定到期终止合同,用人单位可在劳动合同期满之前,以书面方式通知劳动者合同到期不再续签,并应及时办理相关终止手续、出具终止劳动关系证明,以及按规定支付相应的经济补偿金等。

(5) 如果劳动者到期决定终止合同,用人单位应及时配合劳动者办理离职手续,合法合规终止双方劳动关系。

2. 加强对非在岗人员的管理。企业应严格按照劳动统计有关规定,对非在岗人员进行分类统计管理,定期进行分析检查,抓好非在岗人员日常管理工作。各单位建立非在岗人员定期走访联系鉴别制度,及时了解非在岗人员个人情况,对具备条件应返岗工作的,要按照规定及时安排上岗工作,对应返岗而未按规定返岗的,应依法解除劳动合同。

(1) 规范考勤管理。一是严格执行考勤制度。深刻认识到考勤工作的重要意义,增强规矩意识,杜绝虚假考勤、考勤与实际不符、考勤审核不严等现象。二是严格执行请销假制度。对于职工因事因病请假，应加强审核，按照批假权限进行审批。

（2）规范劳动合同解除。严格按照《中华人民共和国劳动合同法》及企业制定的规章制度，对个人外出劳务、长期旷工失联不归和被追究刑事责任的应及时启动解除劳动合同手续。

（3）全面规范对长病人员的管理。一是规范长病人员准入。患病职工必须提供医院诊断证明、住院记录、检查报告、医疗费用清单等材料。经所在部门初审并经单位人事劳动部门走访核实后，进行纳入长病人员管理公示，无异议后提交单位研究决策，人事劳动部门下达因病非在岗人事通知，纳入非在岗管理，按规定支付疾病救济费。二是规范病情定期核查制度。根据总公司对因病长休和工伤长休人员每半年进行一次病情鉴定的规定，各单位人事劳动部门、工会、职工所在部门应组织病情鉴定小组，定期开展对长病职工家属、治疗医院的走访，了解长病职工的治疗情况和劳动能力恢复情况，并做好文字或视频记录存查。三是规范长病人员的统计工作。职工患病医疗期超过六个月的必须按统计规则要求纳入非在岗人员统计。四是规范设置医疗期限。应组织医疗期满的职工进行劳动能力鉴定，对达到复岗条件的应及时组织复岗。五是规范长病人员待遇。各单位必须严格执行长病人员疾病救济费标准。

三、劳动者方面

要自觉遵守企业非在岗人员管理制度，积极报告日常情况，按时提交相关评估资料，配合企业共同做好企业稳定工作。

第五部分：案例总结

一、问题精要

沈某案例涉及的问题包括工资标准、是否应支付未签订劳动合同额外一倍工资、医疗费报销三个方面，其中的核心问题是未签订劳动合同支付额外一倍工资问题。

二、管理精要

劳动者劳动合同到期的，企业应根据劳动合同法履行相关义务，及时办理终止或续签劳动合同手续。

第五章 综合类

劳动关系归属问题存在争议期间用人单位解除劳动关系不被支持案

——韩某劳动争议案

第一部分：案例详解

案例：韩某劳动争议案。

判词：劳动关系归属问题存在争议期间，用人单位要求与劳动者解除劳动关系的决定不发生法律效力。

案例详情

一、案由

解除劳动关系争议。

二、当事人

劳动者：韩某，男，汉族。
用人单位：GS公司。

三、基本案情

1. 韩某劳动关系情况。韩某 1981 年入职 G 集团下属单位，1987 年 6 月 23 日发生工伤。2001 年 10 月起，韩某因发生工伤争议而未上班。2003 年 9 月与 G 集团的分公司 Y 公司签订劳动合同。2006 年 12 月，韩某工伤重新鉴定后认定为九级伤残。2007 年 1 月 1 日，Y 公司被 G 集团的子公司 GS 公司收购，相关人员劳动关系（包括韩某）移转至 GS 公司。

2007 年 3 月 28 日，GS 公司向韩某发出人事通知，确认其伤残和岗位、工资情况，要求其回公司上班，韩某未按期报到。2007 年 5 月 17 日，GS 公司向韩某发出限期返回单位通知书，韩某未按期报到。2008 年 7 月 8 日，GS 公司再次向韩某发出限期返回单位通知书，韩某仍未按期报到。2008 年 12 月 24 日，GS 公司发出与韩某解除劳动合同的通知。

2. 韩某与 G 集团仲裁、诉讼情况。韩某自 2007 年起至 2015 年一直连续不断地对 G 集团提起 20 次仲裁或诉讼（包括一审、二审、再审、抗诉），具体如下所述。

（1）第一阶段：韩某对 G 集团提起仲裁或诉讼，未被受理或撤诉。

2007 年 5 月，韩某因对 GS 公司 2007 年 5 月 17 日作出的限期返回单位通知书不服，向某劳动争议仲裁委员会对 G 集团提起仲裁，该仲裁委员会以没有材料显示韩某与 G 集团存在劳动关系为由未予受理。韩某对此不服，向某人民法院提起诉讼，后撤诉。

(2) 第二阶段：G 集团被认定为责任承担主体。

序号	时间	韩某主要诉讼请求	判决或裁定结果	备注
1	2007 年	① G 集团支付 2001 年 10 月至 2007 年 5 月的工资收入损失赔偿费用 1×××× 元；②撤销限期返回单位通知书并继续履行与 G 集团的劳动合同；③ G 集团支付一次性伤残补助金 1×××× 元等	G 集团向韩某支付一次性伤残补助金 1×××× 元，驳回韩某的其他诉讼请求	① G 集团认为韩某的用人单位是 GS 公司而不是 G 集团，其不是适格被告。②法院认为虽然 G 集团与韩某没有直接的劳动关系，但因韩某与 G 集团下属的几个单位之间曾存在劳动关系，且该等单位均没有在工商部门登记备案，故 G 集团作为主管部门是适格被告
2	2007 年	—	驳回上诉，维持一审判决	—

243

续表

序号	时间	韩某主要诉讼请求	判决或裁定结果	备注
3	2009年	—	驳回再审申请	韩某申请再审
4	2009年	①G集团支付2007年6月至2009年1月的工资及25%经济补偿金7××××元；②G集团补买2007年12月之后停交的社保；③G集团返还职工工伤（亡）认定通知书原件等	①G集团向韩某支付2007年6月至2009年1月工资以及25%的经济补偿金3××××元；②G集团于判决生效后10日内到劳动和社会保障行政部门核定社保年限和标准，并补缴社保；③G集团将职工工伤（亡）认定通知书原件返还给韩某；④驳回韩某其他诉讼请求	①G集团申请追加GS公司为被告。②法院仍认定G集团为适格被告
5	2010年	—	驳回上诉，维持一审判决	—

(3）第三阶段：G集团再审申请虽被驳回，但法院认定韩某与GS公司存在劳动关系。

序号	时间	判决或裁定结果	备注
6	2010年	驳回G集团再审申请	高院认为，韩某的劳动合同的权利义务应由GS公司承继，一审、二审法院判决由G集团履行有关劳动合同的权利义务确有不妥，但考虑到案件涉及劳动者的工资收入问题，生效的判决又履行完毕，故不裁定再审。至于GS公司与韩某的劳动关系能否解除的争议，应由相关当事人另循其他法律途径解决

（4）第四阶段：韩某起诉G集团均被驳回或不予受理。

序号	时间	判决或裁定结果
7	2010年	法院认为，根据高院的再审裁定，韩某的劳动合同权利义务应由GS公司承继，与G集团不存在劳动关系，韩某与GS公司之间的争议，应另循其他法律途径解决，故驳回韩某的全部诉讼请求
8	2011年	驳回韩某上诉，维持一审判决
9	2012年	驳回韩某再审申请
10	2012年	驳回韩某诉讼请求

续表

序号	时间	判决或裁定结果
11	2012年	驳回韩某上诉,维持一审判决
12	2013年	驳回韩某再审申请
13	2013年	法院认为韩某起诉违反一事不再理原则,驳回韩某起诉
14	2013年	驳回韩某上诉,维持裁定
15	2014年	驳回韩某再审申请
16	2014年	法院认为韩某起诉违反一事不再理原则,不予受理
17	2014年	驳回韩某上诉,维持裁定
18	2015年	驳回韩某再审申请
19	2015年	经××省人民检察院针对判决抗诉,××省高级人民法院指定××市中级人民法院审理,审理后维持判决
20	2015年	经××省人民检察院针对判决抗诉,××省高级人民法院指定××市中级人民法院审理,审理后维持判决

四、韩某与GS公司相关案件裁判结果

（一）仲裁阶段

1. 仲裁请求。2016年9月1日,韩某以GS公司为被申请人向某劳动人事争议仲裁委员会（以下简称"仲裁委"）申请劳动仲裁。仲裁请求如下：①被申请人支付2009年2月1日至2016年7月31日期间工资5××××元；②被

申请人按同岗同酬的原则与申请人签订新的劳动合同；③被申请人安排申请人回原岗位工作。

2. 仲裁委认定情况。

（1）关于劳动关系。GS公司认为早在2008年，GS公司就以韩某连续旷工15天以上，严重违反劳动纪律及规章制度为由，向韩某发出了解除劳动关系通知，因此双方劳动关系已于2008年终止，但韩某认为双方劳动关系至今仍然存续。仲裁委认为韩某与GS公司存在劳动关系是经××市中级人民法院于2011年12月19日作出的（2011）×中法民终字第×××号民事判决（以下简称"2011年终审判决"）确定的，在该判决作出前，韩某劳动关系的归属问题（即韩某的用人单位是G集团还是GS公司）尚存在争议，故GS公司于2008年（归属未明确前）作出的解除劳动关系的决定不发生法律效力。而2011年12月19日，2011年终审判决作出之后，双方也未提交证据证明任何一方曾作出了解除劳动关系的行为或意思表示，故仲裁委认定韩某与GS公司至今存在劳动关系。

（2）关于仲裁时效。韩某主张GS公司应支付其2009年2月1日至2016年7月31日期间的工资，GS公司辩称韩某主张上述期间的工资已超过仲裁时效。仲裁委认为，劳动关系存续期间因拖欠劳动报酬发生争议的，申请人申请仲裁不受一年仲裁时效期间的限制。故仲裁委对GS公司关于诉求已超过仲裁时效的辩解不予采纳。

（3）工资标准。①2009年2月1日至2011年12月18日期间，韩某劳动关系归属问题尚未明确，该期间未正常出勤的过错不在韩某，同时鉴于双方均未举证证明韩某2009

年2月1日之后的工资标准，故仲裁委认定GS公司应按上年度××市在职职工的月平均工资标准支付韩某2009年2月1日至2011年12月18日期间的工资。②2011年11月19日起，韩某的劳动关系归属明确，韩某此时已知晓其与GS公司之间存在劳动关系，其有义务返回GS公司上班，但韩某并未提交任何证据证明2011年12月19日后其有为GS公司提供劳动，而GS公司也没有举证证明其曾安排韩某上班。鉴于此，仲裁委认定双方都有过错，GS公司应按停工工资标准支付韩某2011年12月19日至2016年7月31日期间的工资。

（4）关于按同岗同酬签订劳动合同。仲裁委认为，双方签订劳动合同应当遵循平等、协商一致原则，至于具体标准，仲裁委无法干涉，故韩某的该项仲裁请求没有法律依据，仲裁委不予支持。

（5）关于安排回原岗位上班。仲裁委认为该项仲裁请求没有法律依据，故不予支持。

3. 仲裁裁决。仲裁委于2016年11月作出仲裁裁决书，裁决如下：

（1）被申请人GS公司支付申请人韩某2009年2月1日至2016年7月31日期间的工资人民币2×××× .52元。

（2）驳回申请人韩某的其他仲裁请求。

（二）一审阶段

1. 仲裁裁决后，GS公司不服，向某人民法院（以下简称"法院"）提起诉讼。

2. 一审判决。法院于2017年3月作出民事判决书，判决如下：

（1）原告 GS 公司应当自本判决生效之日起十日内支付被告韩某 2009 年 2 月 1 日至 2016 年 7 月 31 日期间的工资人民币 2××××.52 元。

（2）驳回原告 GS 公司的诉讼请求。

（3）驳回被告韩某的其他答辩请求。

（三）二审阶段

1. 一审判决后，GS 公司及韩某均不服，分别向某中级人民法院（以下简称"中院"）提起上诉。

2. 二审判决。中院就工资标准进行了重新认定，认为根据韩某与 G 集团、GS 公司三方 2010 年的生效判决，已认定韩某计发工资的标准为 1×××元/月，故 GS 公司仍应按照生效判决确定的标准即 1×××元，支付韩某请求的 2009 年 2 月 1 日至 2016 年 7 月 31 日期间的工资，同时该标准低于当时××市最低工资标准的应调整为以当时××市最低工资标准来支付。

中院于 2017 年 8 月作出民事判决书，判决如下：

（1）维持法院一审判决第二项。

（2）撤销法院一审判决第三项。

（3）变更法院一审判决第一项为：上诉人 GS 公司应自当本判决生效之日起十日内支付上诉人韩某 2009 年 2 月 1 日至 2016 年 7 月 31 日期间的工资人民币 1××××元。

（4）驳回上诉人 GS 公司的上诉请求。

（5）驳回上诉人韩某的其他上诉请求。

（四）再审阶段

1. 二审判决后，GS 公司不服，向某高级人民法院（以下简称"高院"）申请再审。

2. 再审结果：高院于 2017 年 12 月作出驳回 GS 公司再审申请的裁定。

（五）抗诉阶段

1. 再审裁定后，GS 公司不服，向某人民检察院（以下简称"检察院"）提起抗诉申请。

2. 监督结果：检察院于 2018 年 4 月作出不支持 GS 公司监督申请的决定。

第二部分：涉及法律条文及案例对应分析

一、劳动关系问题

1.《中华人民共和国劳动合同法》第七条规定："用人单位自用工之日起即与劳动者建立劳动关系。用人单位应当建立职工名册备查。"

2.《中华人民共和国劳动合同法》第三十四条规定："用人单位发生合并或者分立等情况，原劳动合同继续有效，劳动合同由承继其权利和义务的用人单位继续履行。"

本案中，韩某本与 Y 公司签订劳动合同，Y 公司被 GS 公司收购以后，韩某与 Y 公司的劳动合同应转为由 GS 公司承继，GS 公司 2007 年要求韩某限期返岗，但韩某不认可其劳动关系已由 GS 公司承继从而提起一系列的仲裁和诉讼，在韩某对劳动关系归属问题尚存在争议的情况下，GS 公司的解除劳动关系决定不发生法律效力。另外，GS 公司在得知 2011 年终审判决确认 GS 公司承继韩某劳动关系后，未及时向韩某另行发出解除合同的通知，从而导致仲裁委和法院均认定双方劳动关系一直存在。

二、仲裁时效问题

《中华人民共和国劳动争议调解仲裁法》第二十七条规定："劳动争议申请仲裁的时效期间为一年。仲裁时效期间从当事人知道或者应当知道其权利被侵害之日起计算。前款规定的仲裁时效，因当事人一方向对方当事人主张权利，或者向有关部门请求权利救济，或者对方当事人同意履行义务而中断。从中断时起，仲裁时效期间重新计算。因不可抗力或者有其他正当理由，当事人不能在本条第一款规定的仲裁时效期间申请仲裁的，仲裁时效中止。从中止时效的原因消除之日起，仲裁时效期间继续计算。劳动关系存续期间因拖欠劳动报酬发生争议的，劳动者申请仲裁不受本条第一款规定的仲裁时效期间的限制；但是，劳动关系终止的，应当自劳动关系终止之日起一年内提出。"

根据上述法律条文，劳动关系存续期间因拖欠劳动报酬发生争议的，申请人申请仲裁不受一年仲裁时效期间的限制，本案法院已经认定双方劳动关系一直存在，故法院对 GS 公司辩称韩某要求其支付 2009 年 2 月 1 日至 2016 年 7 月 31 日期间工资的诉求已超过仲裁时效的辩解不予采纳。

三、工资标准问题

1. 《中华人民共和国劳动法》第四十八条规定："国家实行最低工资保障制度。最低工资的具体标准由省、自治区、直辖市人民政府规定，报国务院备案。用人单位支付劳动者的工资不得低于当地最低工资标准。"

2. 《中华人民共和国劳动合同法》第三十条规定："用人单位应当按照劳动合同约定和国家规定，向劳动者及时足额支付劳动报酬。用人单位拖欠或者未足额支付劳动报酬的，劳动者可以依法向当地人民法院申请支付令，人民法院应当依法发出支付令。"

3. 《广东省工资支付条例》第八条规定："用人单位与劳动者应当在劳动合同中依法约定正常工作时间工资，约定的工资不得低于所在地政府公布的本年度最低工资标准。"

根据上述法律条例规定，劳动者的工资按照劳动合同约定，且不得低于当地最低工资标准。本案中院根据韩某与G集团、GS公司三方2010年的生效判决中对韩某计发工资标准（1×××元/月）的认定，认为GS公司仍应按照生效判决确定的标准即1×××元来支付韩某请求的2009年2月1日至2016年7月31日期间的工资，同时当该标准低于当时广州市最低工资标准时应调整为以当时广州市最低工资标准来支付。

四、关于按同岗同酬签订劳动合同问题

1. 《中华人民共和国劳动合同法》第三条规定："订立

劳动合同,应当遵循合法、公平、平等自愿、协商一致、诚实信用的原则。依法订立的劳动合同具有约束力,用人单位与劳动者应当履行劳动合同约定的义务。"

2. 《中华人民共和国劳动合同法》第三十四条规定:"用人单位发生合并或者分立等情况,原劳动合同继续有效,劳动合同由承继其权利和义务的用人单位继续履行。"

根据上述法律条文规定,用人单位发生合并的,原劳动合同继续有效,双方根据之前签订的劳动合同内容继续规范双方的权利义务。本案中,韩某之前与 Y 公司签订了劳动合同,GS 公司收购 Y 公司后承继 Y 公司与韩某的劳动合同,即之前的劳动合同继续有效。因此,本案韩某要求重新签订新的劳动合同的请求,仲裁委和法院均不予支持。

五、关于回原岗位上班问题

仲裁委和法院认为韩某一直在打官司,长期未从事原岗位工作以及未工作,在这一情况下,应当重新评估其劳动技能后再做决定,故对韩某该项请求不予支持。

第三部分:问题剖析

一、韩某案例的主体定性问题

韩某案例涉及的问题包括劳动者劳动关系的归属、企业解除劳动合同的决定是否有效、未上班期间工资支付的标准、仲裁时效问题，其中的核心问题均指向企业解除劳动合同的决定是否有效。

本案争议的焦点是 GS 公司解除与韩某劳动关系的决定否有效，有三个关键事实需要注意。

1. GS 公司分别于 2007 年和 2008 年向韩某发出限期返回单位通知书，要求韩某限期返回单位上班，韩某未按期报到。2008 年 12 月 24 日，GS 公司作出与韩某解除劳动合同的通知。

2. 2011 年终审判决裁定韩某与 Y 公司的劳动合同应由 GS 公司承继，韩某与 GS 公司一直存在劳动关系。

3. 2011 年终审判决作出后，双方均未作出解除劳动关系的任何行为或意思表示。

韩某与 GS 公司存在劳动关系是经 2011 年终审判决确定的，在该判决作出前，韩某劳动关系的归属问题（即韩某的用人单位是 G 集团还是 GS 公司）尚存在争议，故 GS 公司于 2008 年（归属未明确前）作出的解除劳动关系的决定不发生法律效力。而 2011 年 12 月 19 日，2011 年终审判决作出之后，双方也未提交证据证明任何一方曾作出了解除劳动关系的行为或意思表示，故仲裁委和法院均认定韩某与 GS 公司至今存在劳动关系。

二、韩某案例涉及问题的原因分析

韩某案从 2007 年一直持续到现在，时间跨度超过 10 年，特点是次数多，流程全，每一次案件都从仲裁到一审、二审、再审、抗诉，所有流程全部走一遍，不仅韩某个人投入大量精力，企业同样投入了大量的人力、物力、财力。法院未支持 GS 公司解除劳动关系的原因分析如下：

1. 韩某是 GS 公司之前收购的 Y 公司员工，而 Y 公司是 G 集团的分公司，在纳入 GS 公司收购范围之前，韩某已与 G 集团、Y 公司存在工伤等方面的纠纷且未上班。本案纠纷实际上是在 GS 公司承继韩某劳动关系前就已发生，但一直未有效解决（当时韩某不上班但又未依法解除劳动合同），而 GS 公司承继韩某的劳动关系后受制于韩某不认可其劳动关系已由 GS 公司承接而无法有效解决，导致拖延至今。

2. 因案件涉及的有关事实发生的时间比较久远，且经过多次诉讼，GS 公司熟悉情况的人员已离职，导致案件的关键证据缺失和存在瑕疵。

3. GS 公司 2007 年要求韩某限期返岗，韩某不认可其劳动关系已由 GS 公司承继从而提起仲裁和诉讼。在韩某对劳动关系归属问题尚存在争议的情况下，GS 公司解除劳动关系的决定不发生法律效力。另外，GS 公司在 2011 年终审判决确认 GS 公司承继韩某劳动关系后，未再向韩某另行发出解除合同的通知。

第四部分：管控分析

一、韩某案后续发展

我们进入韩某案例的研究恰逢是该案件某一次提起诉讼的某一审理阶段。这个案例是我们追踪时间最长、整理难度最大的案例，且申请人的坚持程度是让我们感受最深的。在本案例研究即将结束之际，韩某案件也终于尘埃落定。

GS 公司分别于 2018 年 3 月××日、2018 年 5 月×日、2018 年 7 月××日向韩某及其代理律师寄送限期返回通知书，要求韩某限期返回单位上班，并于 2018 年 8 月×日在《××晚报》刊登通告，要求韩某于通知登报之日起 7 日内返回单位，否则将依法与韩某解除劳动关系。

2018 年 9 月××日，GS 公司通过 EMS 向韩某寄送解除劳动合同通知及证明文件，均因逾期无人领取而退回。2018 年 11 月×日，GS 公司在《××晚报》刊登通告，公告与韩某的劳动关系于 2018 年 11 月×日解除。

至此，韩某与 G 集团、GS 公司长达 11 年的纠纷终于落下帷幕。

二、管控建议

（一）法律方面

在企业出现变革时，应处理好劳动者的劳动关系变更，对于愿意与变革后的企业确立劳动关系的劳动者，应尽快签订新的劳动合同，明确双方的权利义务。对于不愿意确立劳动关系的劳动者，应尽快依法合规地妥善处理，避免引起劳动争议。

（二）企业方面

1. 鉴于劳动关系归属处于诉争情况下会阻断合同解除效力，因此，用人单位在争议解决确定劳动关系归属后，应及时依法重新作出解除劳动合同通知，避免原解除合同未生效。

2. 用人单位应妥善保管向劳动者送达文件（特别是解除劳动合同）的证据，如快递查询单、快递单送达回执等。

（三）劳动者方面

劳动者在其合法权益受到侵害后积极主张权利的行为是值得肯定的，但在提起诉讼的过程中有两点值得关注。

一是综合评估。因为这个诉讼持续了十年以上，劳动者个人也投入了大量的时间和金钱，要考虑与自己生活相关的方方面面。在韩某十年的诉讼生涯中很多东西已经改变了，也许当初是为了寻求公正，维护自己的权益，但是投入十年的时间就去做这件事情到底值不值得，这是劳动者需要注意思考的。

二是寻求心理帮助。劳动者在遇到类似心理状况的时候，要主动寻求心理上的帮助，求助相关专业人士，进行积极的心理疏导。

第五部分：案例总结

一、问题精要

韩某案例涉及的问题包括劳动者劳动关系的归属、企业解除劳动合同的决定是否有效、未上班期间工资支付的标准、仲裁时效问题，其中的核心问题均指向企业解除劳动合同的决定是否有效。

二、管理精要

在企业改革或主体出现变化之后，应办好相关手续，办理工商登记、备案，同时对于承继劳动关系的劳动者，应尽快签订劳动合同，明确劳动关系。

后 记

　　本书经过3年的酝酿、9个月的辛苦编写总算完成。这个过程中的苦与乐只有真正参与其中的人才能够体会。

　　沈艳和梁小静两位女士日常工作非常繁忙，本就经常处于加班的状态，即使这样，为确保各阶段的进度，她俩也要忍受我无数次的催促和打扰，很多编写工作只能在双休日和半夜完成。特别是沈艳女士要照顾小孩，很多编写工作完全是咬着牙完成的，每次催促，我总是怀着内疚和不忍进行的。

　　陈洪基和张彦婷是我见过为数不多的工作特别踏实和谦虚的年轻人，每次我提出修改意见，他们都能虚心接受并进行修改。为了保证整本书在语言表达和结构上的一致性，他们严格按照我拟定的框架进行编写，这给他们增加了很多困难，也带来了很多挑战，但他们依然体现出了高度的职业素养和专业精神。

　　胡汛在整本书的编写过程中提出了许多专业的修改意见，她给的政策性指导也非常到位。李云女士在文稿修改中高度负责，一字一字地推敲，帮我们做好收尾工作。

　　许世春先生、桂菁女士和吴冠杰先生对他们案例中的场景进行了毫无保留的呈现，并把他们在案例总结中的经验无私分享给我们，真正体现了来源于案例而高于案例的管理水平。

在这9个月中，我除了要感谢编写委员会每位成员的辛勤付出，还要对默默支持我们的家人致以最崇高的敬意和谢意，就像陈洪基说的，他是靠着两个儿女的支撑坚持到现在的，谢谢家人们的支持。

编　者
2021年9月